致力于中国人的教育改革与文化重建

立 品 图 书·自觉·觉他
www.tobebooks.net
出 品

左传故事

张　毅◎著

图书在版编目（CIP）数据

左传故事 / 张毅著 . -- 北京：中国文联出版社，2017.11
ISBN 978-7-5190-3119-0

Ⅰ . ①左 … Ⅱ . ①张… Ⅲ . ①中国历史—春秋时代—编年体—通俗读物 Ⅳ . ① K225.09

中国版本图书馆 CIP 数据核字（2017）第 237513 号

左传故事

作　　者：张　毅

出 版 人：朱　庆
终 审 人：奚耀华　　复 审 人：胡　笋
责任编辑：蒋爱民　　责任校对：傅泉泽
封面设计：尚上文化　　责任印制：陈　晨

出版发行：中国文联出版社
地　　址：北京市朝阳区农展馆南里 10 号，100125
电　　话：010-85923066（咨询）　85923000（编务）　85923020（邮购）
传　　真：010-85923000（总编室），010-85923020（发行部）
网　　址：http://www.clapnet.cn　　http://www.claplus.cn
E-mail：clap@clapnet.cn　　jiangam@clapnet.cn

印　　刷：三河市华晨印务有限公司
装　　订：三河市华晨印务有限公司
法律顾问：北京天驰君泰律师事务所徐波律师
本书如有破损、缺页、装订错误，请与本社联系调换

开　　本：787 × 1092　　1/16
字　　数：156 千字　　印张：17.25
版　　次：2017 年 11 月第 1 版　　印次：2017 年 11 月第 1 次印刷
书　　号：ISBN 978-7-5190-3119-0
定　　价：48.00 元

目录

前言 / 1

第一讲　鲁隐公、郑庄公，春秋开始了……1

第二讲　恶——春秋版“七宗罪”……39

第三讲　春秋的奇异事件——齐襄公之死……49

第四讲　说容易也容易——卫懿公亡国和卫文公中兴……63

第五讲　关于人生志愿的追问——介之推的归隐……93

第六讲　晋文公谲而不正——城濮之战……107

第七讲　何谓“知命”——邾文公迁都于绎……145

第八讲　君子“维权”——羊斟与狼瞫……155

第九讲　永垂不朽与长生不老——从范宣子到齐景公……171

第十讲　“人才引进”之道——子皮的用人艺术……193

第十一讲　小胳膊拧大腿——郑国商人与晋国首相之争……219

第十二讲　“痛打落水狗”——子产的风格……239

前言

公元前8世纪末至公元前5世纪初的两个半世纪，对于亚洲腹地的黄河、长江中下游两岸，西起陕甘东至太平洋西岸的区域来说，是一段并不乐观的岁月。用最简洁的笔触将这段岁月记录下来，便成为一部名为《春秋》的著作。此后，人们又以这部著作的名字来命名这两个半世纪，称它为"春秋"。

"春秋"是"春夏秋冬"的缩写，是度量"时间"的单位，所以，《春秋》是一部"时间之书"，记录的是来来往往的岁月里所发生的种种。有自然现象，虫害（引发虫害的昆虫有蝗虫、甲壳虫、蠕虫等，种类不一）、下霜、暖冬、山崩、流星雨，还有三十几次日食，绝大多数能用现代科技验算证实，更有关于哈雷彗星的最早记录；同时也记录了社会现象和政治事件，修筑城郭、举行祭祀、国际会议、高层互访、领导人即位、列国通婚（以及婚姻破裂）、叛逃和谋杀，还有几百次战争（有宣战的，有偷袭的，还有暴乱、内战、攻入城邑、消灭国家，种类不一）。这些加在一起，总共用了一万六千多字（《春秋》古本比这多一千多字，今已不存）。

王安石说它是“断烂朝报”，因为每条记录没有几个字，像是报纸上的新闻标题，而且各条独立，初看起来，仿佛前言不搭后语。从《春秋》记录信息的密度来看，不写这么简略是不可能的。

尽管极端简略，《春秋》却还是有立场的，不只是事实的堆积。当时这片土地，大致可以由内而外划为三层：周王室——诸侯国——四夷（东夷、南蛮、西戎、北狄）。《春秋》不是周王室写的，也不是四夷写的，而是诸侯国里的鲁国写的，是鲁国史官所记录的国家历史。所以，《春秋》记事情，都是以鲁国为中心，涉及与鲁国友好或敌对的国家，涉及鲁国生存其中的环境，涉及当时的诸侯霸主和周王室。《春秋》记事的视角和口吻，也是鲁国的，带着鲁国人的感情、好恶和是非判断。

比如鲁桓公六年，北戎攻打齐国。齐国向各国求援，各国大夫纷纷率军前来。列国的军队中，郑国的公子忽功劳最大，他大败戎军，擒获了戎人两个主将，并斩获戎军甲士三百人的头，都献给齐国了。为答谢各国援军，齐国人送来食品，请鲁国人帮忙排序分发。鲁国是周公旦的后裔，历史悠久，对周礼特别熟悉，也特别讲究，就理所当然地按诸侯分封的先后和爵位排序。这样做得罪了郑国人，因为郑国是在西周末周宣王时才建国的，自然排在了末后，可是他们的功劳又大，心旦很不平衡。四年后，郑国便纠合齐、卫来打鲁国，要出这口气。于是，鲁国人在《春秋》中写道："齐、卫、郑来战于郎。"这一句话里，是非和态度，都已经说清了。不用"侵""伐"等字，而说三国"来战"，便是指出鲁国本身并无错处，是三国主动打上门来，错在他们。本来，《春秋》记录军事行动，一般以为主者居首，这次是郑国纠集齐、卫，鲁国却特意将郑国记在齐、卫之后，这仍是按周朝的班次排序，意在重申鲁国的排序原则，否定郑国妄自尊大的做法。

同时，《春秋》有"内讳"的笔法，对于本国出丑的事情，或者用曲笔表达，或者干脆不说。比如：襄公三十年，宋国发生了一场大火灾，损失惨重，连国太夫人（就是鲁国嫁过去的伯姬，因为这事成为后世模范妇女的代表）都给烧死了。当时诸侯间有恤邻救灾的义务，于是这年冬天列国的卿大夫便集会讨论援助宋国。大家一开始本来宣称要捐款给宋国，结果会开到最后竟都没有兑现。于是《春秋》中写道："晋人、齐人、宋人、卫人、郑人、曹人、莒人、邾人、滕人、薛人、杞人、小邾人会于澶渊，宋灾故。"这些"晋人""齐人"等，在《左传》里名姓俱在，都是各国有头有脸的大人物，《春秋》之所以只称他们为"人"，好像无足轻重似的，是讥讽他们，意在贬低这次集会的意义，因为大家说完漂亮话都不讲信用。后面加一句"宋灾故”，便平静地道出了批评他们的原因：他们打着救灾的旗号集会，结果仅止于集会而已，其实没为宋国做什么。但是，根据《左传》，鲁卿叔孙豹也参加了这次大会，《春秋》却放过了他，没有写“鲁人”，这是为本国隐讳，写得好像鲁国人不曾参与这次口头救援大会似的。

由此，我们也就可以推断，如果《春秋》换了其他国家的人来写，一定还会记下许多鲁国《春秋》里所没有的事情；即使记录同一件事，由于立场和态度不同，面貌也一定不会与鲁《春秋》雷同的。

巧得很，那时候真有很多国家在作“《春秋》”呢。孟子曾说“晋之《乘》、楚之《梼杌》、鲁之《春秋》，一也”（《孟子·离娄下》），这便是说，晋国、楚国都有类似的著作传世，被一百多年后的孟子看到了。它们的性质都是一样的，只不过叫作“乘”或“梼杌”，不以“春秋”为名罢了。

类似的话，墨子也曾说过。他曾引用周、燕、宋、齐等国《春秋》中的故事，来证明鬼神是真实不虚的存在（《墨子·明鬼》）。不过从他引的故事来看，似乎周、燕、齐、宋的“《春秋》”都要更详尽一些，唯独鲁《春秋》最为简练。

于是，我们才明白，那时各国的史书，大都叫作“春秋”，这是史书的通名。至于晋国的“乘”和楚国的“梼杌”，只是某些国家史书的特定名字。

这真是太妙了！晋国是那时的超级大国，好比今天的美国，它的活动，影响着诸多国家的生存质量和前途命运；楚国是新崛起的南蛮国家，喜欢以蛮夷自居，有着非常特异的文化和习俗，又有与晋国全然对立的利益和立场，长期与它竞争。如果把超级大国的《乘》和南蛮强国的《梼杌》，拿来同鲁国的《春秋》比照着读，参以墨子所说的各国《春秋》(其中还有王室的“周之《春秋》”)，展现出来的内容，不知道将有多么丰富！

但是很可惜，晋之《乘》、楚之《梼杌》以及列国的各种《春秋》，并没有完整保存到今天。这些东西，在战国的诸子作品中，偶尔也还会出现几句吧，不能说彻底消失了。作为完整作品流传的，却只有鲁《春秋》。

这样，鲁《春秋》也就显得格外宝贵，它成为反映这两个半世纪历史的唯一完整、连贯、信实的即时记录了。这也就是为什么“春秋”后来成了鲁国《春秋》的专名，而后世的人们又用这部书的名字来标志这两个半世纪。

鲁《春秋》没有像晋之《乘》、楚之《梼杌》那样销声匿迹，实在是托了孔子的福，这是孔子的重大文化贡献之一。

孔子是大教育家，正式注册过的弟子就有三千多。他给学生上课，诗、书、礼、乐都是主干课，这是当时贵族子弟普遍要受的教育。在孔子以前，官方办学的主要科目也是这些，培养的是品格良善、容止端庄、敬重传统、治国知识丰富的恺悌君子。到了孔子这里，便沿用了这些课程，只不过把教育的范围扩大到贵族之外，凡交过学费（“束脩以上”，十条以上的干肉）的，不论什么出身，都可以来学。

《春秋》也是孔子教学的科目之一，却是孔子晚年新开发的一门课程，跟诗、书、礼、乐不太一样。

诗的课本为《诗经》，是当时的“红歌”和“怀旧金曲”，主要讲的是“文王之德”，记录了周朝从无到有、从弱到强的光辉历程，有点像我们今天学的“中国革命史”；书的课本为《尚书》，是尧、舜、禹、商汤、周武、周公等各位伟大导师的重要讲话汇编，讲政治思想和治国原则，有一点点像我们今天的毛泽东思想、邓小平理论，是一系列革命和建设的理论。学了这些，对于美德、善政便有了认识，再加上行动的规范（礼）和音乐的陶冶（乐），人就成长为未来政治生活的可靠后备力量——君子。

可是，到了孔子这个时代，社会生活的变故多极了，看看一万六千多字的《春秋》，“弑君三十六，亡国五十二”，天灾人祸，不可胜计。**以往的正面经验好像不够用了，这个尔虞我诈的社会，“君子”们也有些应付不来了**：鲁隐公打算让位给自己的弟弟，弟弟却听信谗言，对哥哥下了毒手；热衷于“仁义”的宋襄公，打不过道德意识并不强烈的楚国南蛮子；先进的周文化，顶不住戎人、狄人野蛮落后的暴力；坚守道义的公子急和公子寿，最终死于阴险的弟弟和淫乱的父亲之手；像孔子这样的大学者、大教育家，日子也是过得灰头土脸，东奔西走，好不狼狈……在这个世道下，死守《诗》《书》的教义，就会吃亏，成为全面崩坏的社会的牺牲品，甚至要搭上性命；而一味随波逐流，就会堕落，而且同样可能丧命，落得既悲惨又可耻的下场。**严酷的现实是这样令人惶惑，又使人不得不做出选择。开一门讲解时代生活的课，真正是当务之急。**

于是，孔子从鲁国史官写的《春秋》中撷取了最近两百多年的记录，以此为纲要，来讲授“鲁国及世界现当代政治生活”。从两百四十年前的鲁隐公开始，一直讲到最新的时事政治。那些历史事件的具体经过，各国兴衰成败的原因，各国政要的功过和人品，紧要关头的决策得失……孔子一件件讲给学生们听。**学生们就从具体事相中来理解时代，理解正义，理解人在时代中的命运，理解什么是对、什么是错，思考在这样的时代里怎样做一个君子。**鲁《春秋》就是这样得以流传下来的。

课的具体上法，大概是这样，先读一句《春秋》，然后就要解释这句话记录的是件什么事，《春秋》为什么要记这件事，以及史官为什么要用这样的词句来记这件事。偶尔还讲某年某时还发生了某事，但《春秋》里却没有记载的原因。不讲清以上这些问题，《春秋》那超级简练的正文是没法读懂的。

举几个简短的例子来说吧：

《春秋》记鲁隐公二年冬天，“纪子帛、莒子盟于密”，这是件什么事呢？“纪子帛”是纪国的卿，字子帛，他和莒国的国君在密这个地方结盟。可是，为何《春秋》要记录这件看起来跟鲁国人毫不相干的事呢？原来，纪、莒两国都是鲁国的近邻，莒国跟鲁国敌对，而纪国跟鲁国友好，鲁国的一个女儿还刚刚嫁了去。所以，纪国的子帛这是在为鲁国效力，跟莒国结盟，是为了调和鲁国、莒国的关系。鲁国人因此将这事记了下来。那么，鲁国人在记录时，为何要把纪国的臣排在莒国的国君前头呢？要知道，这并不合乎那时的惯例：君尊臣卑，行文上也以先君后臣为常。因为子帛是为着鲁国的利益而奔走，所以鲁国人直接将他当作本国的代表来记录，当然是像记鲁国的外交事件那样，本国代表写在最开头了。而且，行文中称子帛的字而不称他的名，这也是对子帛尊重和表彰的意思。

《春秋》的行文往往是这样，在一两个字之中表达出对人物、事件的褒贬，非常简洁，却又异常准确，将是非善恶都表露无遗，所以前人才说它“一字之褒，荣于华衮；一字之贬，严于斧钺”（范宁）。也因此，不经老师的讲解，便很难明白其中的深意。大概因为鲁国是礼乐的发明人周公的后裔，鲁国的史官具有极深厚的修养，所以写作的史书才会这样法度森严吧。但也有人认为，这是《春秋》正文经过孔子修改的结果，那些富有深意的字眼儿，是孔子加的，解释出来便是《春秋》的微言大义。后世讲《春秋》的经师甚至有“不修《春秋》”一说，即今本的《春秋》是孔子修订过的，以前还存在过未经孔子修订的《春秋》底本，它就叫“不修《春秋》”。孔子是否真的修改过《春秋》，这个问题到如今还是有争论。不过，不论是史官写的，还是孔子改的，《春秋》的字里行间往往有极深的意味，这是肯定的。

又比如，《春秋》鲁隐公七年有“夏城中丘”四个字，夏天修理中丘这个地方的城墙，这种事为何要记下来呢？《春秋》的一条惯例是“常事不书”，若是治理国家的常规工作，不会像记流水账似的没完没了地记它，加固城墙本来也算是一项平常的工作，现在必定是有特殊之处，才被记下来的。原来，夏天是农忙时节，一般不会大兴土木，怕妨害农功，所以，史官把这事记下来，是记它的“不时”——城墙修得不是时候。

再比如，前面提过的桓公六年郑国、齐国、卫国联合伐鲁的事和襄公十三年诸侯大会援宋的事，《春秋》正文只是写下“齐、卫、郑来战于郎”和“晋人、齐人、宋人、卫人、郑人、曹人、莒人、邾人、滕人、薛人、杞人、小邾人会于澶渊，宋灾故”这么两句话，若没有详细的解释，读者是无论如何也看不懂的。

好在孔子的学生们可以听老师的讲解。孔子十五岁就有志于学问，信而好古，历史资料掌握得很多。后来问礼于周室，周游列国，观察过各国的风俗世相，结识过不少学者、政要和各阶层、各行业的人们，读到过各国的官方文献，也打听到许多遗闻掌故。所有这些，孔子常在上课时讲到，很能增进学生们对《春秋》的理解。

孔子的讲义，他当时并没有写下来，但是，他所讲的，在学生们的头脑中留下了深刻的印象。孔子身后，学生们仍把《春秋》这门学问代代相传。起初是口耳相传，由于不同的弟子所学所记各有特点、各有侧重，便形成不同的《春秋》流派。后来陆续写定成书，就形成了三部讲解《春秋》的著作：《左氏传》（也称《左传》）《穀梁传》《公羊传》。我们称它们为“《春秋》三传”。

“三传”中，《公羊传》和《穀梁传》成书较晚，是汉代儒师用秦统一以后的新体文字——“今文”写成的。而《左氏传》成书很早，大约在战国前期就已经定型，先秦诸子多有引用它的痕迹。它历经秦火，未曾亡失，又被汉代人重新发现和整理。被发现之时，它是用秦统一以前的六国文字——“古文”写成的。

就内容来讲，《公羊传》和《穀梁传》多讲“义理”，重视《春秋》所包含的思想和政治原则，也注重揭示《春秋》的字里行间所蕴藏的褒贬劝惩的不同态度，即所谓的“春秋笔法”。而《左氏传》更重史实，讲述《春秋》所记录事情的来龙去脉，翔实流畅，对战争等重大事件的叙述，总是丝丝入扣，表里俱见。

其实，在经学的历史上，关于《左氏传》是否是以解释《春秋》为目的，长期争讼不绝，汉代的今文经学家就不承认它，直到现在也没有彻底一致的结论（具体情况可参见杨伯峻《春秋左传注 · 前言》）。

然而，我们现在不能不承认的是，不论《左氏传》著作的初衷是什么，在今天，要认识春秋时代和理解《春秋》这部著作，是绕不开《左氏传》的。它提供给我们基本的史实，历史的主要线索，重要家族的世系，丰富的历史细节、礼仪制度和政治人物的传闻逸事，也保留了大量当时人的政治言论和学术观点。因此，《左氏传》也是“三传”中篇幅最大的，有近二十万字之多，是我们理解《春秋》《老子》《论语》等著作所不可或缺的基础。

《左氏传》与《公羊传》《榖梁传》二传的另一个区别，在于它特有的文学价值。其中无论是大事的原委，还是短篇的小品，措辞都优美传神，叙述也井井有条，是先秦古文的经典范本。

然而，读《左氏传》的一个难处，在于它的篇幅太长，不易通览。所以，历来就有不少《左氏传》的选本。远在战国时代，楚威王便苦于“《春秋》”太长，所以他的辅导老师铎椒就编了一部《铎氏微》，号称是《春秋》的缩编本，使楚王能够用较少的力气通观古来成败兴坏的道理。后人便猜：《春秋》只有一万多字，怎么就会太长了呢？想来这所谓的《春秋》，就是指的《左氏传》啦，而《铎氏微》，大概就是由《左氏传》脱胎而来的一部著作。当然，铎氏的做法又与后代选编《左氏传》有所不同，大概是一种侧重于反映政治智慧、政治经验的缩写或整体改编。

现在，我们也试图通过一鳞半爪的片段，一窥《左氏传》的风姿。这本小书中的十二篇讲义，讲解了《左氏传》中的几十个段落，选文和讲解加在一起，所涉内容约占整部《左氏传》的二十分之一。由于篇幅所限，在选目上没有试图覆盖整个春秋时期的全部历史时段，而是尽量多地照顾到春秋时代社会生活的多个领域，力图体现《左氏传》的复杂面貌。选目中既有复杂、重大的历史事件，如城濮之战（见《晋文公谲而不正》）、子产执政（见《“人才引进”之道》），也有短章和小品，如邾文公的迁都（见《何谓“知命”》）、介之推的归隐（见《关于人生志愿的追问》）等，总的来说以短章和小品为主。

每篇讲解的形式基本一致。一般开篇引有完整的原文，之后有逐句讲解。其中“城濮之战”一篇，由于《左氏传》正文篇幅过长，因此与其他各篇讲义的样式有别：在讲解时忽略了部分文字、句法问题，采取串讲的形式，力图展现战争全局的发展进程和事件之间的内在关联。

像之前和之后的任何时间一样，人是会面临困惑的。

子路曾经问过孔子：“您说管仲这人怎么样？他辅佐公子纠跟齐桓公小白争位，公子纠失败被杀，他为什么不跟着自杀呢？”过了一些年，卫国发生暴乱，子路正在那里做官，便不肯逃走，毅然留下来殉难了。

原思曾跟孔子讨论过什么事情可耻。孔子死后，原思致力于学术，坚守道义，因而终身贫困。

从《论语》里，我们总是看到孔门弟子一个个生动的面容，一种种不同的性情与时代的碰撞，以及由此所演出的不同命运。

读了《春秋》和《左氏传》，读者也许会明白，春秋究竟是怎样的一个时代以及孔门师生是怎样面对这个他们不得不面对的时代的。

《春秋》是一部“时间之书”，而时间，依然在我们身旁奔流。

第一讲 鲁隐公、郑庄公，春秋开始了

一个时代是怎样开始的

一个时代是怎样开始的？人们通常会想：应该是发生了某件大事。

东周开始于公元前770年，这年周平王即位当了天子。简单明了。

春秋开始于公元前722年，这年发生了什么？《春秋》里说：

> 元年春王正月。
>
> 三月，公及邾仪父盟于蔑。
>
> 夏五月，郑伯克段于鄢。
>
> 秋七月，天王使宰咺来归惠公、仲子之赗。
>
> 九月，及宋人盟于宿。
>
> 冬十有二月，祭伯来。
>
> 公子益师卒。

——翻译过来：

元年春，周历正月。

三月，国君与邾仪父在蔑地会盟。

夏五月，郑庄公在鄢地战胜共叔段。

秋七月，周平王派遣宰咺来馈送助鲁惠公和夫人仲子丧事的财物。

九月，与宋国在宿地会盟。

冬十二月，祭伯来我国。

公子益师去世。

七件事，除了第一件，其他六件字面上还是看得懂的。第一件事若解释得稍细一点，说出了如下事实：一、这年鲁国有了新国君（所以称为"元年"。这位新国君就是后来说的"鲁隐公"，这一年后世称为"隐公元年"）；二、这年的岁首是放在周王朝历法规定的"正月"（即"王正月"），也就是说，鲁国将一年开端放在冬至所在的月份，即今天的公历 12 月，圣诞节所在的月份。这是我们能给出的最简单解释。其实，"元年春王正月"大概是《春秋》里最耐解释的六个字，汉代有经师能就它说上二三万字，微言大义无穷无尽，我们只能就此打住了。

总之，从字面看这七件事，公元前 722 年不像是很重要的样子。事实上，我们承认这一年是"春秋"的开端，也不是因为上述任何一件事，而是因为孔子在他的《春秋》中选定了这一年为开端。原来，这一年的重要，不是跟上述诸事件有关，而是跟孔子这位伟大哲人有关。

进一步的问题来了：一位伟大哲人会很随意地选择无关紧要的一年作为自己著作的开端吗？

据《史记》说，公元前 484 年，孔子结束了长达十四年的漫长周游，回到了鲁国。这年他六十八岁，此后直到公元前 479 年逝世，是他人生的最后阶段，都是在鲁国度过的。在这段时间里，他的儿子孔鲤、他最喜爱的学生颜回、对他最忠实的子路都先后去世了。《春秋》就作于这个阶段。公元前 481 年，七十一岁的孔子根据鲁国的官方史书（“鲁《春秋》”）修成了我们今天见到的《春秋》，这是孔子最后的著述。**我们蛮有理由猜想，在这部用语极端简练的书里，可能隐含着孔子晚年复杂的心境和感受、一生的理想和坚持、对时代的思考和洞见，以及寄予未来的希望。**那么，选择它的开端，就真该是件郑重的事情。那么，去理解孔子为何如此选择《春秋》的开端，就是去理解《春秋》的一部分思想，而且是相当重要的一部分。

意识到这个问题的不仅是我们，古往今来的《春秋》学者都在试着提出答案，有深刻的，有质朴的，有机智的，有玄乎的，一言难尽。

有的说，孔子之所以要从鲁隐公写起，因为那是“祖之所逮闻也”(《春秋公羊传·哀公十四年》),祖父一辈所来得及听说的,也就是孔子能够耳闻的“口述历史”的上限。历史,可以是自己亲历的,可以是听亲历者口述的,也可以是自己没经历过、口述者也没经历过,但口述者见过亲历者,然后再向后辈转述的。这三种内容,《春秋》中都有。春秋记录了二百四十二年的历史,有十二个鲁国国君,隐、桓、庄、闵、僖、文、宣、成、襄、昭、定、哀,即所谓“《春秋》十二公”。孔子出生于鲁襄公后期,到鲁昭公元年时,孔子已经十一岁了,记事了也懂事了,所以,昭、定、哀三公时的事情,都是孔子所亲历的;文、宣、成、襄四公,加起来八十多年,是孔子的父辈和祖父辈亲见亲闻的时代,他们中活得足够长的人,孔子年轻时是有机会见到的,他们可以向孔子口述自己的经历;隐、桓、庄、闵、僖五公,九十多年,这些岁月,孔子的祖、父辈虽然没亲身经历过,但是他们可以直接听自己的父亲、祖父(对孔子来说,也就是曾祖、高祖)的亲身经历,再转述给孔子。这三段世代,《公羊传》分别称为“所见世”“所闻世”“所传闻世”。过此以往,就不是经过一重转述能到达孔子的了,而如果经过重重转述,那难免道听途说,不能保证准确性了。这就是《公羊传》给出的答案,最经典、最有名。

有的说,《春秋》从鲁隐公写到鲁哀公,正好记了十二位国君二百四十二年的事迹。“十二”这个数在古代很神秘,一年十二个月，木星巡行一周天约十二年，商代发明了从子到亥的“十二辰”。所以，“十二公”象征了天数完备，也象征了《春秋》涵盖的人世道理周遍齐全。又有补充说，十二公象征十二个月，那么二百四十二年就象征二十四节气。这种解释比《公羊传》玄虚不少，是董仲舒的主张，也颇有影响。

后代研读、传授《春秋》，历时越久，新说越多，没有一种是全无道理的，但也没有哪一种能驳倒众说，取得所有方面的认可。这也反过来证明了《春秋》起始问题的重要性：越是重要的问题，答案越难定于一尊。甚至对人类至关重要的问题，往往没有也不可能有唯一的答案。而正是对那些看似“无解”问题的不懈思考，可以大幅度增进我们对人类社会和人自身存在本质的认识。因此，我们也最好尊重这个传统问题，把它存在心里慢慢消化，不必急于给出答案，也不要因给不出答案而轻率地取消问题。

两个国君，一个半故事

比之各门各派，《左传》好像不大热衷于直白地抛出答案，它平铺直叙揭示历史过程，或者稍微生动一点讲历史故事。也许作者把自己的部分理解隐藏在故事中了吧，至少几百年后有位《左传》的忠实读者和研究者——杜预——曾是这么认为的。

那么不妨仔细品味《左传》中这一年的故事，至少通过故事可以明白"隐公元年"是怎样一个年头儿；并推测，孔子在二百多年后着手"作《春秋》"写到这一年时，是怀着怎样一种心境。

《左传》谈到"隐公元年"，包含两个国君的一个半故事。两个国君，一个鲁隐公，一个郑庄公。一个半故事，"一个"关于郑庄公，"半个"关于鲁隐公。其他的信息还有，但能当故事看的主要是这些。

先讲鲁隐公的"半个故事"，它也是整部《左传》的开头。

惠公元妃孟子。孟子卒，继室以声子，生隐公。

宋武公生仲子。仲子生而有文在其手，曰为鲁夫人，故仲子归于我。生桓公而惠公薨，是以隐公立而奉之。

元年春王周正月，不书即位，摄也。(《左传·隐公元年》)

《春秋》第一句"元年春王正月"，"元年"就是鲁隐公的元年。《左传》向前回溯一小步，让人明白这位新国君是哪里来的，又有什么特点。

鲁隐公的前任国君，是他的父亲鲁惠公。惠公的家庭状况，影响到隐公后来的命运。惠公有三位夫人：孟子、声子、仲子。从称呼看，三位夫人都来自宋国，"子"是娘家的姓，宋国是商朝的后代，公室姓子。春秋妇女称姓，孟子、仲子是行第（"孟""仲"）加上姓，声子是死后的谥号（"声"）加上姓，都是当时女子常见的称法。孟子是惠公的元妃，“元妃”就是“原配”，指诸侯始娶的嫡妻，在诸妻妾中地位最高，既是“第一个”妻子，又是“正妻”，如果她有儿子，那她最大的儿子就是诸侯最合法的继承人，没有什么争议。但是，孟子逝世了，没有儿子。

鲁惠公从孟子娘家宋国续娶了一位，就是声子。她可能要肩负起当初孟子管理鲁惠公家庭事务的诸多责任，在诸妻妾中有较高地位，但已不是“元妃”，元妃是无可替代的，声子只能叫“继室”。这位声子夫人生了儿子，就是鲁隐公。

后来，宋武公又生了个女儿，称为仲子。仲子出生时，手上的纹路很特别，看起来像几个字：“为鲁夫人。”一个婴儿小小的手心，想偶然长出这么多字，难度不小。古书无标点，所以也有人猜测应该是“鲁夫人”，不包括“为”字，这样也读得通。总之，她的手纹让人联想到鲁国的君夫人，于是，宋武公很自然地将她也嫁到了鲁国，觉得这样吉利。仲子嫁过来，也生了儿子，就是后来的鲁桓公。

但是，没多久鲁惠公就亡故了。这时，鲁隐公已经成年，而鲁桓公还很幼小，可见，仲子大概比声子年轻不少吧。大概因为老夫更爱少妻，也可能那个“为鲁夫人”的好兆头打动了惠公，《穀梁传》和《史记》等都说惠公更看重仲子生的儿子，希望他能继承君位。鲁隐公明白父亲的心情，于是，在桓公年幼的情况下，鲁隐公决定暂时代他作国君，目的是稳住鲁国的政局，好在桓公长大成人之后将鲁国交给他。

《春秋》中，大凡新君的元年，史官应该记上“元年春王正月，公即位”。不写“即位”的，都各有特殊的理由，解经的著作有必要解释一下。比如鲁庄公元年，没有说“即位”，《左传》说是因为庄公父亲死于非命、母亲滞留齐国这种特殊情况；又如，鲁闵公元年没有说“即位”，《左传》说这是因为闵公即位时国家发生了动乱，仓促间即位之礼不完备。至于鲁隐公元年的“元年春王正月”，《左传》说，“不书即位，摄也”，意思是：之所以没有写到隐公的正式即位，是因为他选择摄政，没有将自己视为正式国君。所以，“元年春王正月”这简单的六个字中流露着隐公的谦让和对弟弟宽厚的用心。

这就是《左传》里春秋时代的开端，开始于一个心肠厚道的鲁国国君，他的表现有些像鲁国的一位祖先——周初的大政治家周公。周公是周文王的儿子、武王的兄弟、成王的叔父。周公富有才干，辅佐武王推翻了商纣的统治，建立了西周；忠诚、仁厚，在武王重病时，曾祈祷上天，要求代替武王死去；在武王逝世后，又勤勤恳恳地摄政，辅佐年幼的周成王，在兄弟的流言和成王的猜疑中，历尽艰辛，平定了东方商朝残余势力的反抗，终于将一个稳定的西周交到成王手上。周公是德才兼备的政治家，是周人优秀传统的总结者、继承者，也是周代礼乐制度的创制者，《诗》《书》中都有关于他的感人至深的段落，孔子则将他奉为终身楷模。鲁国的第一任国君就是周公的长子伯禽。为表彰周公对王朝的巨大贡献，周成王不敢将鲁国当臣下来对待，赐给鲁国王室的典章和礼仪，允许鲁国用天子的礼节祭祀周公，让鲁国拥有王室的音乐歌舞……因此，到春秋后期，晋国正卿韩宣子来访问，参观了鲁国的文献，就感叹“周礼尽在鲁矣”；吴国的贤公子季札来到鲁国，请求瞻仰一下“周乐”，鲁国的太师就献上了一整套风、雅、颂齐备的歌舞，令季札大为赞叹。于是，我们看到，《春秋》选择以传统深厚的鲁国为记事主线，以略有周公风范的鲁隐公为开端，这是否饱含了孔子的用心呢？杜预认为的确是这样的：

> “曰：然则《春秋》何始于鲁隐公？答曰：周平王，东周之始王也。隐公，让国之贤君也。考乎其时则相接，言乎其位则列国，本乎其始则周公之祚胤也。若平王能祈天永命，绍开中兴；隐公能弘宣祖业，光启王室，则西周之美可寻，文武之迹不坠，是故因其历数，附其行事，采周之旧，以会成王义，垂法将来。”（杜预《春秋经传集解序》）

他讲周平王是东周第一个天子，鲁隐公是有让国之德的诸侯。这两个人，在时代上前后衔接，鲁隐公之初是周平王之末（鲁隐公元年，同时也是周平王四十九年，鲁隐公三年周平王死）；在身份上，一位是天子，一位是诸侯；一位是武王的后代，一位是周公的远孙。如果平王能够开创新局面，如果鲁隐公能够辅佐王室有所作为，那文王、武王的事业就会后继有人，西周的繁荣昌盛就有望恢复。因此，杜预认为，孔子作《春秋》以鲁隐公为开端、以鲁国为主线，他选择的就是：在西周成为东周的历史关头，以一位出身高贵的贤明诸侯为这段历史的开端。因此，杜预认为，孔子写作《春秋》，虽然纪年和主线是鲁国一国，但问题意识关乎周天下的复兴；记录的是诸侯国的事实，但展示的是非对错、行事原则是王者的法度；追述的是往昔的历史，但授予的是未来的治国方略和政治蓝图——这就是所谓的**“因其历数，附其行事，采周之旧，以会成王义，垂法将来”**。这是杜预通过阅读《左传》获得的对《春秋》开端的理解。

鲁隐公这半个故事暂且放下，还要等十年才见分晓。《左传》于“隐公元年”讲得最完整、最生动的是“郑伯克段于鄢”的故事，这几乎也是《左传》里最有名的故事，是《古文观止》里的第一篇文章。以后凡是《左传》的选本，几乎都以这个故事开头。

初，郑武公娶于申，曰武姜，生庄公及共叔段。庄公寤生，惊姜氏，故名曰寤生，遂恶之。爱共叔段，欲立之。亟请于武公，公弗许。及庄公即位，为之请制。公曰：“制，岩邑也，虢叔死焉。佗邑唯命。”请京，使居之，谓之京城大叔。

祭仲曰："都城过百雉，国之害也。先王之制：大都不过参国之一，中五之一，小九之一。今京不度，非制也，君将不堪。"公曰："姜氏欲之，焉辟害？"对曰："姜氏何厌之有？不如早为之所，无使滋蔓，蔓难图也。蔓草犹不可除，况君之宠弟乎？"公曰："多行不义，必自毙，子姑待之。"

既而大叔命西鄙、北鄙贰于己。公子吕曰："国不堪贰，君将若之何？欲与大叔，臣请事之；若弗与，则请除之，无生民心。"公曰："无庸，将自及。"大叔又收贰以为己邑，至于廪延。子封曰："可矣。厚将得众。"公曰："不义不昵，厚将崩。"

大叔完聚，缮甲兵，具卒乘，将袭郑，夫人将启之。公闻其期，曰："可矣。"命子封帅车二百乘以伐京。京叛大叔段。段入于鄢。公伐诸鄢。五月辛丑，大叔出奔共。

书曰："郑伯克段于鄢。"段不弟，故不言弟；如二君，故曰克；称郑伯，讥失教也：谓之郑志。不言出奔，难之也。

遂置姜氏于城颍，而誓之曰："不及黄泉，无相见也！"既而悔之。

颍考叔为颍谷封人，闻之，有献于公。公赐之食。食舍肉。公问之。对曰："小人有母，皆尝小人之食矣；未尝君之羹，请以遗之。"公曰："尔有母遗，繄我独无！"颍考叔曰：

“敢问何谓也？”公语之故，且告之悔。对曰：“君何患焉？若阙地及泉，隧而相见，其谁曰不然？”公从之。公入而赋：“大隧之中，其乐也融融。”姜出而赋：“大隧之外，其乐也泄泄。”遂为母子如初。君子曰：“颍考叔，纯孝也，爱其母，施及庄公。诗曰‘孝子不匮，永锡尔类’，其是之谓乎！”（《左传·隐公元年》）

先要了解郑国和郑庄公。郑国与历史悠久的鲁国不同，是西周末才建立的国家，传到郑庄公才第三代。第一代始封国君名友，是周厉王的儿子、宣王的弟弟、幽王的叔叔。他被宣王封在王畿之内的“郑”（今天的陕西华县附近，是畿内小国），后代称他为郑桓公。因为是血亲的缘故，郑桓公受到王室的信任，周幽王让他作周的卿士，任命为司徒。这是很大的官，掌管百姓的教化和王朝的行政。郑桓公比较有才能，作为郑国的国君，他受百姓爱戴；作为王朝的司徒，他也受到好评。同时他也有些远见，看到周幽王、褒姒和一班朝臣的表现，就晓得大难将至，所以先听从史伯的建议，将妻儿、家产送到东都洛邑以东安置下来，再只身返回王朝中去服务。（参见《国语·郑语》）此后不到一年，果然西边犬戎作乱，攻进镐京，杀了幽王，郑桓公一同殉难了。

郑桓公死了，家族和后代却因他的未雨绸缪得以保全。随着平王东迁，西周成了东周，“郑国”也扎根在东边成了“新郑”（今河南新郑附近）。桓公的儿子是郑武公，既继承了父亲的郑国，也继承了父亲王朝卿士的位置。父亲随周幽王殉难，儿子辅佐周平王，这样，郑国虽是新封的小国，其实在列国中地位是很不一般的。郑武公一面当卿士，一面利用这优势将新居住地周围虢、桧（kuài）等小国吞并掉，建起一个比以前更强、更大的郑国。

郑武公的继任者，就是《春秋》“郑伯克段于鄢”的主人公，郑庄公。鲁隐公元年的时候，郑国在位的国君已经是郑庄公了。

初，郑武公娶于申，曰武姜，生庄公及共叔段。庄公寤生，惊姜氏，故名曰寤生，遂恶之。爱共叔段，欲立之。亟请于武公，公弗许。

“初”是回溯的标志。当初，郑武公娶了申国的女儿，称为“武姜”（用丈夫武公的谥加上夫人母国的姓，是春秋中常见的称法）。申国是接邻楚国的姜姓小国，也是周平王的姥姥家，在东周初蛮受重视，后来被楚所灭，成为楚国的一个县。武姜夫人生过两个儿子。生老大时难产，先出脚后出头，逆着生出来，所以干脆取名叫“寤生”，“寤生”相当于“牾生”（《说文解字》：“啎，逆也。”“啎”后讹变为“牾”）。因为生产时太难，大概也因为当时有关于逆生子的某些迷信认识，夫人讨厌这个儿子，转而更偏心小儿子段。她反复跟丈夫商量，想废掉寤生的继承资格，让段作继承人。这在当时违背周的政治传统，实行起来阻力会很大，麻烦很多。郑武公不糊涂，总是断然拒绝。

及庄公即位，为之请制。公曰："制，岩邑也，虢叔死焉。佗邑唯命。"请京，使居之，谓之京城大叔。

等武公不在了，寤生即位，便是郑庄公。武姜又以亲娘的身份提出要求："把制地封给你弟弟吧。"丈夫拒绝妻子还可以，儿子拒绝母亲就更感为难，只能让步："制地是险阻（"岩"是"险"的意思）所在的城邑，虢叔当年就是死在那里。换个地方，只要您说，都可以给。"虢叔死在制邑，可能是郑国扩张过程中发生的事，大概虢国人曾据险而守，发生过战斗。险要地带都是战略要地，容易引来攻打，郑庄公借此拒绝了母亲。武姜于是毫不客气选一座通邑大都："那就把京邑给段吧。"郑庄公只好答应。段后来就被称为"京城大（tài）叔"。

祭仲曰："都城过百雉，国之害也。先王之制：大都不过参国之一，中五之一，小九之一。今京不度，非制也，君将不堪。"

武姜夫人给小儿子要的不是战略要地，就是超大城市，这情况令朝中有识的大夫很不安。祭（zhài）仲是春秋前期以智谋著称的人物，在郑庄公死后他还做了好多年郑卿。祭仲说："大城邑的城墙如果超过百雉，就是国都的威胁。"

"都"指规模达到一定程度的大城，不是首都的意思，"国"才是指国都。"雉"是三平方丈，古代城墙的计量单位，一丈高的城墙每三丈长的一段，叫作一雉，那么"百雉"就是三百丈长。"百雉"指单面城墙长度，它规定了国都以外的城邑规模，也就是说，最大的城四边不能超过纵三百丈、横三百丈。根据周朝的"先王之制"，大城邑单面城墙不超过国都单面城墙的三分之一，中等城邑、小城邑分别不超过五分之一、九分之一。如果折合成面积，大城、中城、小城分别不许大于国都的九分之一、二十五分之一、八十一分之一。春秋初人口少，城邑也小，诸侯国国都不过纵横各九百丈而已。

当时的诸侯国是很简单的系统，人口少，经济总量少，小国最好只有一个中心，集政治、经济、文化多种功能和权力于一身。如果在国都之外出现稍有竞争力的其他中心，很容易打破均衡。所以祭仲讲："京邑太大了，分给旁人，不在自己的直接掌控之下，是受不了的！"

公曰："姜氏欲之，焉辟害？"对曰："姜氏何厌之有？

不如早为之所，无使滋蔓，蔓难图也。蔓草犹不可除，况君之宠弟乎？”

这一段是《左传》的精彩之处，它不动声色，却对郑庄公做了异常生动的刻画，细读就能领会。

郑庄公讲：“是姜氏她想要这样，即便有害又何从避免？”这话看似厚道，甚至显得有些糊涂、软弱、无辜，实则精明。“焉辟害”暗示了，他承认自己也知道京邑封给段是有害的，他赞同祭仲的判断。但是，“姜氏欲之”，有什么办法呢？说的是自己身为儿子，对母亲的无奈。这种说法看似迁就、放任，其实是将母亲推到前台来受过：这个危害不是我看不出来，而是出于母亲的“愿望”。郑庄公显得既是位明理的国君，又是个拿母亲没办法的儿子。

郑庄公自己虽不明说母亲的错处，却赞同了祭仲的判断，这样就将母亲交给对方任意评价。这种态度鼓励祭仲说出了更厉害的话和最真实的想法：“姜氏哪有满足（“厌”同“餍”，饱足）的时候！不如早作安排，不要让情况滋长蔓延，否则不容易处理掉了。野草长多了都不好除，何况是国君的亲弟弟。”祭仲是多智之人，疏不间亲的道理总是懂的，劝国君处理自己的生母和亲弟弟，需要一番特别的推心置腹，而郑庄公“姜氏欲之，焉辟害”的含糊话，就是发起这场君臣密谋的契机。

公曰："多行不义，必自毙，子姑待之。"

郑庄公却不着急。"多行不义必自毙"成了后世的名言。"姑"是"暂且"，"你暂且等等"，原来，一切都在计划、预料之中，而且不会太久。当祭仲把真实想法和盘托出，国君才从含糊暧昧背后胸有成竹地亮出了真面目：不是老实、糊涂的儿子、哥哥，而是冷静、犀利的统治者。

既而大叔命西鄙、北鄙贰于己。

京城大叔越来越过分，不久就要求西边、北边边境地区既听国都的命令，也接受自己的调遣。（"贰"是背叛之意，这里指两属）京邑就在国都新郑的西北边，大叔此举明显有分裂郑国的用意。

公子吕曰："国不堪贰，君将若之何？欲与大叔，臣请事之；若弗与，则请除之，无生民心。"

现在，姜氏和大叔段在明处，能看出局面不对的人越来越多。公子吕向庄公请示："国家可经不起分裂，您到底要怎么办？要让给段，那我去侍奉他；要不让，那我去干掉他。不要让老百姓疑惑、观望，产生其他想头。”

这担心是有道理的，如果有人趁机造谣生事，就可能发生动乱。如今在《诗经·郑风》里，还有《叔于田》《大叔于田》两首诗，都是描写京城大叔出猎时的盛况。他善御又善射，勇武又帅气，车马仪仗，意气扬扬，搞得百姓围观，万人空巷。朝廷内的紧张、敌视，民间是猜不到的，只觉得这是国君的亲弟弟，京邑的大领主，又高贵又受宠又勇武优秀。他在民间有这样高的人气，着实可畏。

也可见，到这时为止，以郑庄公为首的朝廷核心的态度都是放任、暧昧的，连公子吕这样的内部人士都有些看不懂。

公曰：“无庸，将自及。”

“不用你去除他，他会自取灭亡的。”（“及”是及祸、及难，赶上坏事。“自及”是自己害自己，自找倒霉）斩钉截铁，胸有成竹。

大叔又收贰以为己邑，至于廪延。

大叔段对自己的处境浑然不觉，又将前番要求两属的西边、北边边境彻底收归自己管理，势力最北一直达到了黄河岸边的廪延（这是郑、卫边境了），差不多要占有大半个郑国了。

子封曰："可矣。厚将得众。"

子封是公子吕的字。经过前次谈话，他晓得国君不是要让国给弟弟，只是等他自取灭亡罢了，所以这时提醒："可以动手了。再让他势力增强，恐怕会得到众人拥护。"积累到一个临界点，实力对比会发生逆转，到时候人心向背也可能跟着变。

公曰："不义不昵，厚将崩。"

庄公气定神闲："不合正义，就没有凝聚力（昵，指黄米饭那种黏性，故可引申为团结），人多势众了就要溃散了。"

大叔完聚，缮甲兵，具卒乘，将袭郑，夫人将启之。

大叔依然不悔改，这正是他哥哥想看到的，也全在哥哥意料之中。他修城郭（"完"）、积粮草（"聚"），修理盔甲和武器，配齐步兵（"卒"）和车兵（"乘"），准备突袭国都。武姜夫人也准备悄悄打开国都新郑的城门，跟他里应外合。

公闻其期，曰："可矣。"命子封帅车二百乘以伐京。京叛大叔段。段入于鄢。公伐诸鄢。五月辛丑，大叔出奔共。

这些全在郑庄公的密切注视下，没有他不知道的，偷袭的具体日期都提前探知了。郑庄公说的"可矣"，比前次子封说的"可矣"镇定、精确得多。

趁段的注意力都在国都，庄公派子封率领二百辆战车伐京邑，抄段的后路。京邑很容易地投降了。段到新郑城下，武姜的开城阴谋当然被阻止了，京邑又背叛了他，进退不得，只得仓皇逃窜，躲到新郑西南边的鄢去。

庄公乘胜追击到鄢。段抵抗不了，向北逃了很远，五月辛丑日，逃出郑国跑进卫国的共邑去了。他后来大概蜗居在共邑很多年，所以又被称为"共叔段"。从《左传》中看，四十多年后，他的孙子公父定叔在郑做官，大概他的后代被允许回国了。

庄公兄弟的竞争就此落幕。《左传》讲完故事尚有余力，闲闲地补了一笔，说说那偏心的姜氏的结局：

遂置姜氏于城颍，而誓之曰："不及黄泉，无相见也！"既而悔之。

颍考叔为颍谷封人，闻之，有献于公。公赐之食。食舍肉。公问之。对曰："小人有母，皆尝小人之食矣；未尝君之羹，请以遗之。"公曰："尔有母遗，繄我独无！"颍考叔曰："敢问何谓也？"公语之故，且告之悔。对曰："君何患焉？若阙地及泉，隧而相见，其谁曰不然？"公从之。公入而赋："大隧之中，其乐也融融。"姜出而赋："大隧之外，其乐也泄泄。"遂为母子如初。君子曰："颍考叔，纯孝也，爱其母，施及庄公。诗曰'孝子不匮，永锡尔类'，其是之谓乎！"

母亲的偏心郑庄公忍了很久了，这次借着她阴谋败露，正好撕破了脸，于是把她安置到南部边陲的城颍去，并放下狠话："不到黄泉，你我不要再相见！"姜氏是彻底理亏，没有反抗的余地，也没人敢为她讲话。但是，过后郑庄公后悔了，究竟是因为对母亲还有依恋之情呢，还是因为作为一国的统治者，这样对待母亲究竟太难看了呢？《左传》也没说。但"不到黄泉不相见"是句誓言，是有神明见证的，就算再后悔，岂能随便反悔？

幸好姜氏发配地城颍当地的一位官员（"封人"是镇守边疆的长官）颍考叔是个有心人。他借口有所进献，见到郑庄公。庄公赐他饮食，他故意做出怪举动，把肉都留下，说是准备拿回去给老妈尝尝。郑庄公一肚子心事，很容易触发，不由得长叹一声："你有老母可以供养，我偏偏没有！"这是摆明了等人家问为什么，要的就是一个倾诉的机会。颍考叔于是像心理医生一样温和地听了他的倾诉，尔后出了个主意：在黄土地上深挖，直到挖出水来，谁能说这不是"黄泉"呢？到那里相见，连鬼神也无话可说。

于是，在中原厚厚的黄土层下的深洞中，母子俩唱着"其乐融融""其乐泄泄"，又和好了。这场几乎导致国家分裂的大乱，就这样文明、体面、融洽地结束了。

这就是整部《左传》中第一个完整、生动的故事。郑庄公也成了春秋舞台上第一位完整亮相的国君。往后读《春秋》和读《左传》都会知道，他也是春秋时代第一位有国际影响的诸侯，后世称他为"春秋小霸"，是齐桓、晋文等霸主的先驱者。《左传》从他的故事开始，是否预示了，在今后的时代，这样的人将成为历史的主角？

那么，这未来世界的主人公又是一种什么样的人呢？对郑庄公的看法，《春秋》《左传》与今人并不完全一致，甚至有些相反。

书曰："郑伯克段于鄢。"段不弟，故不言弟；如二君，故曰克；称郑伯，讥失教也；谓之郑志。不言出奔，难之也。

这段话是解释《春秋》的“笔法”。《左传》对《春秋》的解释，常含两个部分：《春秋》说了什么事，以及《春秋》为什么这样说。“说了什么事”解释历史的经过；“为什么这样说”解释《春秋》的“笔法”。一般来说，“春秋三传”之中，《左传》用更多的篇幅讲“说了什么事”，《公羊传》《榖梁传》则更重视“为什么这样说”。

“郑伯克段于鄢”是《春秋》原文，说了什么事我们已知道了，为什么要这样说呢？《左传》讲了四条，也说出了对郑庄公其人其事的基本看法：

一、“段不弟，故不言弟”。（“段没有弟弟的样子，所以《春秋》不说他是郑伯的弟弟”。）不对比《春秋》的其他记载，这句话还是看不懂。《春秋》“隐公七年”记“齐侯使其弟年来聘”，齐僖公派他的母弟年来鲁国访问；“桓公十四年”记“郑伯使其弟语来盟”，郑厉公派他的母弟语来鲁国结盟。《春秋》中的“弟”都指诸侯的同母兄弟，因为比其他兄弟更亲密，地位更特殊，所以往往特别点出其身份。段本是郑庄公的同母兄弟，《春秋》却没有按惯例称为“弟”，里面隐含了对他的批评：他对待郑庄公，不是一个弟弟该对兄长做的。

按一个人的身份对其提出要求，这就是孔子曾对齐景公讲过的“君君，臣臣，父父，子子”（《论语·颜渊》），是什么身份的人，就应该有什么身份人的样子，那样社会就不乱了。通过循名责实来拨乱反正，所以《春秋》有规范人、警示人的力量。

二、“如二君，故曰克”。（“郑伯和段之争，好比两国国君之战，所以战胜了用‘克’字”）双方间的势均力敌，兄弟间的互不相让，都表现在“克”字上。《春秋》在此仍有含蓄的批评：这是一场你死我活的大战，根本不同于“兄弟阋墙”。

三、“称郑伯，讥失教也：谓之郑志”。（“主语是‘郑伯’，讥讽他对段失于教导，是说这样的结果正是郑伯的本来意图”）“谓之郑志”，“志”指意志、打算、真实的心意。郑庄公没有尽到兄长对弟弟、国君对大臣的教导责任，没有制止而是诱导了段的逐步僭越，所以说，与段闹到这个结局并非偶然，而是郑庄公本来的心意。

四、“不言出奔，难之也”。（“没有讲段出奔共邑，是史官难于下笔”）《春秋》用到“出奔”这个词，都是说有罪之臣。段虽然也有罪，但史官认为在这件事里罪不在段单方面，郑伯也有罪，所以难以归罪于段一人。

阅读《春秋》和“三传”，常会发觉古人对人的审查更细密，要求也更严格。《春秋》和《左传》好像既不关心郑庄公的家庭不幸，也不看好他的隐忍、机智、果断和冷酷，古人根本不知道，这两者在当今时代是多么好的影视剧素材：缺乏母爱、童年阴影提供了情节的原动力，即使邪恶之人也能因此显得立体而博得同情，至于隐忍、机智、果断、冷酷，那不是从唐太宗到雍正都具有的“领袖品质”么？但是，对古人来说，这些都不重要，他们只是执拗地指出，一个人身为兄长、儿子、国君，那么，赶走弟弟、软禁母亲、打内战，就是不对的。偏心的母亲、顽劣的弟弟，这些个人的不幸在《春秋》和《左传》看来与郑庄公的行为都没有必然的因果关系，一个人如果因为不幸而表现恶劣，那也只能说明其本身的恶劣，没什么借口好讲。

两千多年后的读者难免要质疑：这样要求郑庄公是否真的公平？毕竟，生活经验告诉我们，有些时刻，人能够做自由选择的余地很小，甚至不论人付出多大的努力，冲突都无可避免，更何况有些情况还突如其来，令人措手不及，仓皇之下很难做出完全正确的判断和决定。

好吧，《史记》中的几句话可能会有说服力：“庄公元年，封弟段于京，号太叔……二十二年，段果袭郑，武姜为内应。庄公发兵伐段。”（《史记·郑世家》）也就是说，《左传》这段节奏紧凑的故事，其实是发生在漫长的二十二年当中。原来，郑庄公与大臣们的讨论、密谋有二十多年的酝酿过程，段越来越过分的行为也有二十多年的发展过程，隐公元年“克段于鄢”不过是最后高潮一幕。在二十多年里，郑庄公忍耐着母亲的偏心，并坚持纵容弟弟的过错，一面又密切监视弟弟的动向，随时防范突然的变故，还须做好准备，在时机成熟时给弟弟以致命一击，但就是没有尝试过去教育、感化这个弟弟，这就是《左传》说的“讥失教”。

“大叔完聚，缮甲兵，具卒乘，将袭郑，夫人将启之。公闻其期，曰：‘可矣。’命子封帅车二百乘以伐京。京叛大叔段。段入于鄢。公伐诸鄢。五月辛丑，大叔出奔共。”

《左传》的行文简洁美好，一气呵成。但是，当得知这是处心积虑二十多年的成果时，就让人很难再感受到“克段于鄢”有什么痛快淋漓的成就感，而只想知道，郑庄公这二十多年是怎么过来的。欺骗母亲、隐藏敌意、掩盖战略意图，有条不紊地诱使自己的弟弟走向灭亡，这些真的不会使人精神崩溃吗？人一生中又有几个二十二年呢？拿二十二年时间来对付自己的母亲、弟弟，这个人究竟是高明还是可怜？更何况，这场兄弟之争最后要结束于一场需要出动二百辆战车（这在当时不是很小的规模）才能平息的叛乱，其间偷袭、谍战、攻城、追击等一应俱全。这对小小的郑国来说，并非一种万无一失的妥善解决争端的方式，因为，只要是战争就会有风险和意外，从来不存在百分之百的胜算；更别说以当时人的平均寿命之短，不排除郑庄公有在二十二年之内去世的危险，到时候谁又能预测局势将怎样发展？这也是“郑伯克段于鄢”的“克”字包含的另一层讥讽：郑庄公养痈成患，将弟弟培养成了几乎势均力敌的对手，使郑国经受了一次大危机。因此，《左传》自始至终描写郑庄公思维的清晰、冷静，用意恐怕不在于表彰他的才干和智谋，而是从头到尾向我们指出："郑伯克段于鄢"并不是突如其来的意外事件，也不是命中注定的神秘灾祸，更不是因为郑庄公智力不足而不可避免，而是郑庄公在神志清醒的情况下自觉自愿地逐步铺垫而成，从而导致了母子、兄弟反目和国家内讧，这就是所谓"郑志"。因此，他需要为这件事负主要责任。

但是，无论怎样评说、怎样责备，这个人就是《左传》中第一个着力刻画、第一个闪亮登场的政治家，从事实看，他也是对春秋前二十年的天下政局影响最大的人。在终于消除了段这个心腹大患之后，郑庄公又统治了郑国二十一年（郑庄公卒于鲁桓公十一年夏）。在这二十一年里，历史不算长、疆域也不算大的郑国崛起为一个强国（大概这也得益于"克段于鄢"实现了权力的充分集中吧），它侵陈、败戎、伐宋（几度使宋国大败）、救齐、入许、败息，大大小小的冲突、战斗以十数，总的来说，胜多败少，所以郑庄公才被后世称为"春秋小霸"。

鲁隐公、郑庄公，春秋开始了

我们说过，鲁隐公元年，同时也是周平王四十九年，也就是说，在东周开始之后半个世纪，春秋才开始。两千多年后的今天，为了排列史实、统计年数之类机械的需要，人们往往忽略这点差异，将“东周”与“春秋”这两个时代的开端近似地等同起来，比如称“春秋”为“东周前期”。但是，作为一个思想事件，这半个世纪的时间差是不能忽视的，而孔子偏偏绕开周平王即位这件现成的大事，专门从隐公元年开始记述“春秋”这个时代，那么我们只能认为，周平王在位的半个世纪被划分在了上一个时代。

“这个时代”与“上个时代”究竟区别何在？至少可以看到，在随周平王远去的半个世纪里，有两样东西也逐渐消逝了：一是经历过西周的上一辈政治家，二是西周以来的政治理想、政治典型。

从西周过渡到东周，艰难动荡，周平王的即位、东迁和统治，是倚赖鲁隐公、郑庄公之前一两代诸侯的辅佐，他们中典型的人物，包括晋文侯、卫武公，还有郑庄公的祖父和父亲。他们的形象，见于《诗》《书》。《尚书》中有一篇《文侯之命》，是周平王的讲话，他表彰晋文侯在王朝危难时的重大贡献，并勉励他继续辅佐自己、效力王室。《诗经》“郑风”中有一首《缁衣》，据《毛序》说是百姓赞美郑武公能子承父业作周司徒，父子又都很称职：

《缁衣》，美武公也。父子并为周司徒，善于其职，国

人宜之，故美其德，以明有国善善之功焉。（毛诗《郑风·缁衣序》）

卫武公则是一位“世纪老人”，他出生在周厉王时代，一生见证了国人暴动、周召共和、宣王中兴、幽王覆灭和平王东迁，一直活到周平王前期。他的学问、思想保留在《诗经》大雅、小雅中。《小雅·宾之初筵》是他看到周幽王亲近小人、君臣荒耽于酒，于是作的讽喻规谏之诗；《大雅·抑》相传是他九十五岁时的作品，当时，西周覆灭已成不可挽回的定局，他作这诗一方面是总结西周覆亡的教训，另一方面更是讲修身成德的道理，劝勉平王，并警醒自我，《国语》说他“年数九十有五矣，犹箴儆于国，曰：‘自卿以下至于师长士，苟在朝者，无谓我老耄而舍我，必恭恪于朝，朝夕以交戒我；闻一二之言，必诵志而纳之，以训导我’”。（《国语·楚语上》）他一生的勤奋自修，就凝结成淇水之滨文采风流的君子形象，散发着持久的人格魅力，令国人深深缅怀：

瞻彼淇奥，绿竹猗猗。有匪君子，如切如磋，如琢如磨。瑟兮僩兮，赫兮咺兮。有匪君子，终不可谖兮。（《卫风·淇奥》）

晋文侯、卫武公、郑桓公父子，差不多是最后一批以正面形象载入《诗》《书》的政治家，这些典籍用光明正大的语言刻画了他们的面貌——受人爱戴的政治家，甚至是终身进修的贤者。他们的后代在《诗经》中虽然也能见到，但已经是另一种笔调、另一种形象了，比如《卫风》中的《硕人》《绿衣》《终风》等诗，均是批评卫武公的儿子卫庄公不爱美而有德的庄姜夫人，宠爱嬖妾，从而导致宫廷中尊卑、嫡庶关系的紊乱，最终酿成国家动乱；又比如《郑风·将仲子》，是讽刺郑庄公态度暧昧、当断不断，终于一步步诱使弟弟段铸成大错。仅仅一代人之差，形象已经截然不同，而这两代人之间的更替代谢，就发生在周平王在位的半个世纪：卫武公死于周平王十三年，晋文侯死于周平王二十五年，郑武公死于周平王二十七年。

随着上一代政治家的逝去，关于西周的记忆似乎也模糊起来了。

据《史记》看，西周的衰落从周夷王时已经开始了，但到周厉王时才有了明显的症状。从周厉王到周平王，王朝经历了长达一百五六十年的衰败过程，期间虽有国人暴动、犬戎之难那样的突发性变乱，但光是宣王和平王统治时期的相对和平就接近一个世纪之久。所以，西周的衰落其实是缓慢的，因其缓慢，所以全面，衰败逐渐渗透到政治、经济、军事、社会风气方方面面，于是，人的思想、感情也在这场衰败中挣扎、抵抗、消化、适应，《诗经》中留有许多伤今思古的痕迹：

匪风发兮，匪车偈兮。顾瞻周道，中心怛兮！

匪风飘兮，匪车嘌兮。顾瞻周道，中心吊兮！

谁能亨鱼？溉之釜鬵。谁将西归？怀之好音。（《桧风·匪风》）

这首《匪风》是东方小国桧（kuài）国的诗。在诗中，时代被描述为一部失控的车子，疯狂地滑行在下坡路上，诗人坐在上面，车停不下，诗人也下不来，身不由己，心惊肉跳，只能不住地回头看过去走的那条宽广、平坦、光明、幸福的大道，那条大道被称为“周道”。《毛序》说：

“《匪风》，思周道也。国小政乱，忧及祸难，而思周道焉。”

《匪风》是一首怀念“周道”的作品。“周道”是什么呢？字面意思，好像是指“周的道路”，收纳贡赋，传达政令，道路好像国家的血管，输送从物质到精神的种种养料；深层的意思，是周王朝曾经有过的繁荣、文明以及人们为达到这种繁荣、文明所付出的种种努力和由此形成的习惯、传统美德，还有从这些习惯、传统美德中提炼成文的典章、制度，等等。在桧国这位诗人看来，这些宝贵的东西都在迅速消逝。这首诗应是作于西周末东周初，最晚不会晚于东周初郑武公吞并桧国。

同样的对“周道”的担忧和眷恋在《诗经》中屡次出现：

踧踧周道，鞫为茂草。我心忧伤，惄焉如捣。(《小雅·小弁》)

《小弁》是周幽王时候的诗。相传这是被褒姒母子排挤的太子宜臼（也就是后来的周平王）的诗，也有说是他的老师为他作的，诗人看到原本平坦、宽阔的周道正在被荒草湮没。

有饛簋飧，有捄棘匕。周道如砥，其直如矢。君子所履，小人所视。眷言顾之，潸焉出涕。(《小雅·大东》)

《大东》是东方某国大夫所作，也是周幽王时代的诗。“有饛簋飧，有捄棘匕”（满满的饭食，长长的匙子）象征了曾经的富足，“周道如砥，其直如矢”（周道像磨石一样平，像箭一样直）象征了政治的公正、开明，这样的“周道”曾经为上层人所遵守，为下层人所拥护（“君子所履，小人所视”），可是现在它已经消失了，回首过去，只能黯然流泪。

眷恋周道、拥护周道，渴望它的恢复，是西周末东周初一种普遍的理想和呼声，《匪风》的作者表示“谁能亨鱼？溉之釜鬵。谁将西归？怀之好音”，意思是：“谁能为大众的福祉而奋斗，我要给他打下手；谁要将国家引回西周的正路，我要把他称颂”（“烹鱼”是治理社会的隐喻，“洗锅”则指铺垫、准备的工作）。这首诗表现出无力自救的弱者真诚地寄望于时代产生能够救世的强者，并愿意主动追随他，为“周道”的回归尽自己的一份力。

但是，随着周平王老去和卫武公、晋文侯一批故老的凋零，新造的“东周”没有展现出什么希望来。《诗经》中反映东周王畿状况的“王风”诸诗，如《扬之水》《葛藟》《中谷有蓷》《兔爰》等，描绘的都是民生的凋敝和百姓的困窘无望。恢复周道的呼声最终变成了《王风·黍离》的哀叹：

> 彼黍离离，彼稷之苗。行迈靡靡，中心摇摇。知我者，谓我心忧；不知我者，谓我何求？悠悠苍天！此何人哉？

作为实际场所的西周变成了一片田野和废墟，作为理想、典型的西周也一去不返，文王、武王、周公的背影远去了，恢复周道的理想落空了，诗人的失落和痛心用语言难以表达。

因此，周平王统治的半个世纪，与其说是一个新时代的开端，不如说是西周的余绪和尾声，此后，恢复周道的理想渐渐没有人再提了，取而代之的是诸侯、卿大夫们为各自小国、小家的崛起而奋斗；《诗》《书》中描绘的光明坦荡、心系王室、身负天下重责的诸侯方伯不再有，取而代之的是郑庄公这样果敢、冷酷、精于算计的枭雄；最能反映这个新时代的典籍也不再是温柔敦厚的《诗经》，而是森严犀利、充满批判意识的《春秋》。无怪孟子讲“王者之迹熄而《诗》亡，《诗》亡然后《春秋》作。”（《孟子·离娄下》）

在上述背景下，《左传》“郑伯克段于鄢”的故事就显得更加意味深长，连它冷眼旁观、不动声色的语调也与新时代严酷、实际的作风相适应，同时也与《春秋》的森严犀利相匹配。在战胜了自己的母亲、弟弟之后，郑庄公又度过了充满斗争的二十一年，战胜了宋国、陈国、许国、息国、戎人等大大小小的敌手。不过，他最有特色的“业绩”还是与周平王的继任者周桓王进行了长达十几年的博弈，并最终在公元前707年（鲁桓公五年）击溃了周桓王组织伐郑的诸侯联军，他手下的将军甚至一箭射伤了天子的肩膀。后世“射肩”就与“问鼎”并列，成为最具春秋时代特色的事件，象征了旧秩序的动摇和旧偶像的倒塌，天子退居幕后，诸侯成了主角。

两百多年后，孔子作《春秋》时放弃以周天子为主线，也可以说首先是对周王朝衰微现实的承认。当然，孔子也没作一部以郑庄公这种“时代宠儿”为主人公的《春秋》，而是以“隐公元年”为开端，以周公故国为主线，这也是对西周智慧遗产和政治理想的保存。用前人的比喻来说，西周、东周的政治实体好比是座大火中的房子，谁也没法阻止它的倾覆、消亡，但是，孔子在危难之际却抢救、保留了这房子的图纸。靠这份图纸，在未来的任何时候都有可能重新造出这样一座理想的房子来。**《春秋》就是这份图纸，是传授给未来王者的建国方案和宪法。**

最后，处于《春秋》开端核心地位的鲁隐公命运如何了呢？鲁隐公故事的后半段哪里去了？这位仁厚的兄长是否找到了一条不同于郑庄公的兄弟相处之道？传说中孔子寄托在他身上的理想和希望，是否实现了呢？

到鲁隐公当国君的第十一个年头，他的弟弟也年岁不小了，已经是一个少年或青年人了。这样，隐公摄政的局面渐渐要到尽头了，何去何从，要给所有人一个交代。大臣里有个叫羽父的人，他从时局中看到一个机会：如果国君实际上并不想真的让位给弟弟，或者如果能诱导国君不让位，那么借着帮他除掉弟弟，就可以成为国君真正的心腹了。于是，他主动建议隐公杀掉弟弟，想以此求得太宰的大官。但是，隐公回答："当初是他年少，我才当这个国君的。现在我正在菟裘这个地方营建自己的养老之所，准备让国给他了。"隐公把心意表达清楚，也就安心继续准备他的退隐生活去了。但是，羽父寝食不安了，不良的用心已经暴露，他既害怕隐公追究，又担心将来国君的弟弟即位后知道了这事。想来想去，一不做二不休，干脆跑到国君已成年的弟弟那里告上一状，说隐公不打算让国，而想不利于他。这位弟弟没有想想兄长平时对待自己如何，也没想想过去十年里自己年幼，兄长其实可以有很多机会加害自己的，就轻易听信了谗言，派羽父设计谋害了兄长。弟弟即位了，就是鲁桓公。他草草埋葬了兄长，甚至没有按国君应有的规格举行丧礼，后世因此都晓得鲁桓公是个不仁之人。

原来，当一个好心肠的哥哥，下场也会如此悲惨。在残酷的现实面前，富有理想色彩的鲁隐公显得苍白无力，反倒不如冷酷、精明的郑庄公来得虎虎有生气。鲁隐公的善良的确令人心生亲近之感，但是，这种单纯的善良如何能够应付现实的政治生活呢？身为诸侯，他是多少人观察的对象？他的心思有多少人在揣摩？他一个细微的举动关系到多少人的利益？他性格、为人上的每一道缝隙，都激发着身边无数人的野心和幻想。既然成了国君，就必然身陷一场复杂的竞技，没有权利漫不经心、轻描淡写地宣布退出比赛。从这种情况看，对政治、对人性本身抱有如此天真、肤浅理解的鲁隐公，命运虽然值得同情，却很难说真的代表了《春秋》的理想。

鲁隐公、郑庄公两者，《春秋》大概不是站在其中任何一方的立场上来展开的。**《春秋》的建国、治国理想，恐怕只能等待既深知人性和政治生活本来面目，又抱有远大理想，兼具高超政治手腕和最高道德品位的“王者”来实现了。然而，这位“王者”，现在何处呢？**

第二讲

恶——春秋版『七宗罪』

《春秋》是一部记录坏人坏事的书，前人称“弑君三十六，亡国五十二”。但《春秋》不是教人怎样干坏事，它既不是“管理学”，也不是“成功学”，它旨在揭示种种看似突如其来的重大灾难背后曲折深远的属人的根源，起到教育、警醒从政君子的作用。

蔡哀侯娶于陈，息侯亦娶焉。息妫将归，过蔡。蔡侯曰：“吾姨也。”止而见之，弗宾。息侯闻之，怒，使谓楚文王曰：“伐我，吾求救于蔡而伐之。”楚子从之。秋九月，楚败蔡师于莘，以蔡侯献舞归。(《左传·庄公十年》)

……

蔡哀侯为莘故，绳息妫以语楚子。楚子如息，以食入享，遂灭息。以息妫归，生堵敖及成王焉。未言。楚子问之。对曰：“吾一妇人，而事二夫，纵弗能死，其又奚言？”楚子以蔡侯灭息，遂伐蔡。秋七月，楚入蔡。

君子曰："商书所谓'恶之易也，如火之燎于原，不可乡迩，其犹可扑灭'者，其如蔡哀侯乎！"（《左传·庄公十四年》）

蔡哀侯娶于陈，息侯亦娶焉。

蔡哀侯娶了陈国女子，所谓"娶于陈"，娶陈国公室之女，国君的女儿、姊妹之类。息侯也是从陈国娶妻。"亦娶焉"：也从那里娶。

息妫（guī）将归，过蔡。蔡侯曰："吾姨也。"止而见之，弗宾。

息妫出嫁到息国去时，路过蔡国。女子离开娘家嫁到夫家去称"归"，比如《诗经》有"之子于归，宜其室家"。中国人重视家庭生活，把婚姻视作女孩子的"归宿"。"女有家，男有室"，女大不嫁，在今天的中国也往往令亲人相当焦虑，这种观念春秋时就植根了。《左传》里说到女子出嫁用"归"，如果说"大归"就不妙了，"大归"是绝于夫家、永回娘家的意思。

《春秋》的行文比《左传》更简短，有一套特定的词汇，以便用少许篇幅记录各种复杂事态，如《左传》讲"凡诸侯之女，归宁曰来，出曰来归，夫人归宁曰如某，出曰归于某”（《左传·庄公二十七年》），这就是解释《春秋》的用词规律。《春秋》中用“来”表示本国女儿回国探亲，用“来归”表示本国女儿绝于夫家而回来，从外国嫁来本国的夫人回娘家探亲叫“如某国”，若离婚回国就叫“归于某国”，有了这条凡例再来读《春秋》，二百四十多年间鲁国公室之女出嫁、归宁、离婚等种种复杂的事态就都清楚了。在“春秋三传”中还多有此类“凡……曰……”的话，多是对《春秋》词汇用法的归纳，揭示《春秋》的用词规律，这便是所谓“发凡”，是解释经书的任务之一。

“息妫”是对息侯所娶陈女的称呼。春秋时的习惯，称女子以娘家之姓，而冠以夫家之氏或国，或丈夫之谥，或女子本人之行第、谥号等等。“息妫”之义即“息侯所娶妫姓之女”。古者姓、氏有别，姓得自远祖，如陈为舜后，公族姓妫；杞为夏后，公族姓姒；宋为商后，公族姓子；鲁为周公后，公族姓姬。氏是一姓后裔之分枝，其本枝先人之字、官、封邑等皆可为氏，例如后世司马、司徒皆是由官而来的氏，孔子的氏就由其宋国祖先（孔父嘉，名嘉，字孔父，是宋国的司马，死于华督之乱）的字而来，春秋末年参与三家分晋事件的韩氏、魏氏都出自姬姓而从封地获得他们的氏。姓、氏的作用不同。简单讲，姓以别婚姻，周代的礼制讲究“同姓不婚”，故女子在生活中要用姓为人所知，以避免同姓相婚，若卖妾不知其姓，是要用虔诚占卜来解决的。氏以别贵贱，故男子以氏称，人们很容易从一个人的氏看出其祖先、家族的功业、地位，看出其人的出身、背景乃至其与国君、卿大夫亲属关系的远近。

蔡侯见息妫经过，便留住她相见。他称息妫为“姨”，是指妻姊、妻妹，今天仍有此用法，但春秋时“姨”还没有“姨妈”的意思。

蔡侯主动留住人家，“止之”两字甚至包含一种强行拦截的意味，而留住之后又不以礼相待。他这样轻薄无礼，据说是由于息妫生得非常美丽。

息侯闻之，怒，使谓楚文王曰：“伐我，吾求救于蔡而伐之。”楚子从之。秋九月，楚败蔡师于莘，以蔡侯献舞归。

息侯听说了此事，自然很生气，便派人联络楚文王，邀他用计伐蔡侯。息侯制造楚伐息的假象，诱蔡侯前来相救，然后与楚国一起乘机突袭他。突袭的方式，比大张旗鼓地讨伐省力很多，楚王自然也乐得答应。到九月，两国的计谋实施了，终于捉得了蔡侯献舞（“献舞”是蔡侯之名）。“以蔡侯献舞归”，“以”是个介词，但有类似动词的含义，是捉着他带回国。

蔡侯的兵败被俘，最初不过由于自身的轻率放肆。情欲本是人生命中固有的一种原始力量，初看只是私人的事情，似不与国计民生相干。可是，任何治国者都是七情六欲俱全的活人，纵观春秋之世，由于轻浮、放荡或妒忌而国破家亡者比比皆是——**对负有责任的领导者来说，私生活并不是纯粹的个人行为。**希罗多德《历史》一开篇就是吕底亚国王坎道列斯因炫耀妻子裸体而引来杀身大祸。

蔡哀侯为莘故，绳息妫以语楚子。楚子如息，以食入享，遂灭息。以息妫归，生堵敖及成王焉。

息侯陷害蔡侯本出于愤怒，不可谓完全没有理由。然而要弄手腕是有代价的，他终于遭到了蔡侯的报复。

蔡侯既被捉到楚王面前，便借这机会向楚王夸赞息妫的美丽，来引起楚王的好奇心，“绳”是赞誉之意。楚王便使出息侯对付蔡侯的同样计策，假装带着食物去馈享息侯，借机便发动了突袭。

蔡国虽受打击，却未曾灭亡，而息国本来弱小，便就此灭亡，成为楚国的一县了。息妫则从此成了楚文王夫人，后人又称她作“文夫人”或“息夫人”。她生的儿子，堵敖和楚成王，日后高贵非常。“堵敖”为楚语，“敖”是部落酋长之意，楚人用以称呼那些死而无谥号的楚王，堵敖便是如此。楚成王是弑兄长堵敖而即位的，后来争霸中原，在泓地战胜了“不鼓不成列”、以“仁义”著称的宋襄公。

未言。楚子问之。对曰：“吾一妇人，而事二夫，纵弗能死，其又奚言？”楚子以蔡侯灭息，遂伐蔡。秋七月，楚入蔡。

息夫人不肯笑，楚王问她缘故。言，前人解为“笑”，或解为主动说话，两个意思并不矛盾，心情不好，不笑，也没有说话的兴致。“我身为女子，而侍奉了两个丈夫，纵然没用勇气以死守节，又有什么欢乐可言呢？”

虽然贵为君夫人，息妫的人生却是可悲的，历经如此的波折，却只像是命运轻飘飘的玩笑，即便想殊死抗争，似乎也抓不着明确的对象，蔡侯吗？楚王吗？心中抑郁，全部的表现，也不过就是个笑不出来。他日亡明的遗臣们吟出“千古艰难唯一死，伤心岂独息夫人”的句子，把自家的矛盾彷徨叠加到息夫人身上，取得一点异代的同情，却也不如《左传》中这个无奈女性的沉默来得自然、坦白和深沉。

息妫的哀伤触动了楚王，他想来想去把错归在蔡侯身上，因为是他唆使楚王灭息的，是他使息国灭亡了。秋七月，楚军攻打蔡国，打入蔡都。不论夫人心里是否哀伤依旧，楚王自己算是讨了个心安。

息国灭亡、蔡国被伐，各自最初的动机都是报复别人，到头来却都是自食其果。

君子曰："商书所谓'恶之易也，如火之燎于原，不可乡迩，其犹可扑灭'者，其如蔡哀侯乎！"

君子说："《商书》说的'恶之易于滋长，犹如火之易于蔓延原野，那火根本没法靠近，又如何扑得灭？'这说的就是蔡哀侯的情况吧！""易"是蔓延的意思，君子此语引自商代传下来的文献，如今在《尚书·盘庚》篇中。在叙事之后加"君子曰"，是《左传》中常见的写法，用前代、当代君子的言论揭示事件意义，加深读者对事件性质的理解。它开启了后来史书写作中的"论赞"传统，《史记》有"太史公曰"，褚少孙补写《史记》，也加上"褚先生曰"，《汉书》《后汉书》有"赞曰"。后来《聊斋志异》篇末有"异史氏曰"，也是戏拟这种史书的口吻。

淫欲、愤怒、仇恨、诡诈，这种种的"恶"皆出于人性本身，它们在脑筋里有时候只是倏忽去来的一个个念头，正如蔡侯一时兴起的轻薄之念和息侯油然而生的愤怒。可是一旦发为言行，便如大火燎原，无穷无尽、不可控制的后果便接踵而来。未曾醒悟的人会觉得这接二连三的后果神秘莫名，如同天谴、报应，甚至像是飞来横祸，但若深入追究进去，其内在的必然性只是复杂深微而已，却绝不是人为附会出来的。**“言行，君子之枢机，枢机之发，荣辱之主也。言行，君子之所以动天地也，可不慎乎”？（《易·系辞》）**——亡国破家，非一朝一夕之故，然而一件件细究起缘由，也无非是私心、欲望、人性本身的弱点、性情与修养的缺陷，别无什么复杂高深的理由。

第三讲

春秋的奇异事件——齐襄公之死

（柏：柏纳多；马：马赛洛；赫：赫瑞修。引自《哈姆雷特》第一幕第一场。梁实秋译）

柏：昨夜，
正当北极星西边的那颗星
在同一位置照明了此夜空时，
马赛洛与我——
那时，时钟才刚响一声……
马：嘘，停止。看！它又出现了！
柏：就像先王的模样。
马：您有学问，赫瑞修，您去向它问话！
柏：您说它像不像已逝的国王，看清楚它，赫瑞修！
赫：真像！它令我战栗与惊愕。
柏：它要您和它说话。
马：问它事情呀，赫瑞修！
赫（对鬼魂）：猖獗于此夜此时者，是何物？
为何假冒已葬陛下之英姿，披先王之战袍出没于此？

我倚天之名命你回答！

马：您触犯了它。

柏：看，它溜走了！

赫：留下！说话呀，说话，我命令你！

马：它走了，不肯说话。

老国王愤怒、悲哀的鬼魂在午夜浮现，这阴暗、恐慌的一幕成为一场大悲剧的开端。类似的气氛，有时亦弥漫于春秋时代。

公元前 6 世纪中叶，有八九年时间，郑国国都新郑的大街小巷，始终被一种奇特的氛围笼罩着：总是有人撞见伯有——他本是郑国的卿，在公元前 543 年的大叛乱中喋血于新郑街头，当时还有许多贵族、兵士乃至平民死于非命。

有时，光天化日之下，熙来攘往的人群中，不知从哪里就突然传来一声大喊："伯有来啦！"顿时吓得满街人四散逃窜。

这种人心惶惶的状况，一直持续到鲁昭公六年（公元前 536 年）。这年二月，忽然又传出：有人梦见伯有全副武装而来，边走边说"三月初二，我要杀了驷带！明年正月二十七，我要取公孙段的性命！"

驷带、公孙段这两人，在叛乱中都是伯有的死敌。

没过几天，就到了三月初二，驷带果真死了，全城一片震恐。等到下一年正月二十七公孙段也一命呜呼时，郑人已经恐惧到了极点。

直到执政的子产下令立伯有的儿子为大夫，使他能够祭祀他父亲，已死去的伯有才不再来新郑的街市上抛头露面，这一场大恐慌才结束。（参见《左传·鲁昭公七年》）

后人难免怀疑此事纯出于杜撰，然而据《左传》讲，这在当时却是一桩有“国际”影响的奇异事件。此后，子产出使到晋国，晋国的大夫还好奇得不得了，问他：“伯有当真能变成鬼吗？”《左传》中子产的回答俱在。这个事件以及子产对鬼魂成因的分析，大可作为文化人类学的材料。

同类的记载，《左传》中尚有多例，以至其书因此被批评为“巫”——迷信怪妄（参见范宁《春秋穀梁传集解》序：“《左氏》艳而富，其失也巫”）。

那时的人们敬天信鬼，他们的世界比我们今天远为热闹：天上有天神，地上有山岳河流的神灵（地祇），逝去的祖先们与天神、地祇同在，鸟兽木石也可能会成精作怪，这叫“妖孽”……天神、地祇、人鬼、妖孽，再加上人和动植物，古人的世界真真“生态平衡”得可以！

春秋时的君子们，就活动、思索于这个光怪陆离的世界中，一言一行与天地、祖先相互交感。正像德尔斐的神谶之于古希腊，本身也许并非真实存在的诸神和祖先们，曾真实地左右过古人的思维和行动，并以此强有力地参与过历史的进程，甚至改变历史行进的轨迹。齐襄公之死，便是鲜明的一例。

齐侯使连称、管至父戍葵丘，瓜时而往，曰：“及瓜而代。”期戍，公问不至。请代，弗许。故谋作乱。僖公之母弟曰夷仲年，生公孙无知，有宠于僖公，衣服礼秩如适。襄公绌之。二人因之以作乱。连称有从妹在公宫，无宠，使间公。曰：“捷，吾以汝为夫人。”

冬十二月，齐侯游于姑棼，遂田于贝丘。见大豕。从者曰：“公子彭生也。”公怒，曰：“彭生敢见！”射之。豕人立而啼。公惧，队于车。伤足，丧屦。反，诛屦于徒人费。弗得，鞭之，见血。走出，遇贼于门。劫而束之。费曰：“我奚御哉？”袒而示之背。信之。费请先入。伏公而出，斗，死于门中。石之纷如死于阶下。遂入，杀孟阳于床。曰：“非君也，不类。”见公之足于户下，遂弑之，而立无知。(《左传·庄公八年》)

这事发生在公元前686年，鲁庄公八年。《左传》用短短的两百多字再现了一次特大谋杀案的始末。

齐侯使连称、管至父戍葵丘，瓜时而往，曰：“及瓜而代。”期戍，公问不至。请代，弗许。故谋作乱。

连称和管至父都是齐国的大夫。在案发前一年的瓜熟时节，国君派他们去戍守葵丘，并对他们说：“等来年瓜熟的时候，就派人去接替你们。”结果，一整年过去了，瓜又熟了，国君的音信却没有来。两人主动请求来人接替，国君也不同意。就这样，两人怀恨在心，起了谋杀国君的念头。

这里的“齐侯”就是齐襄公，名叫诸儿，公元前697年至前686年在位。虽然以臣弑君是非常严重的罪过，但齐襄公的遇害，却也有很大的咎由自取的成分。

据《左传》的描述，齐襄公这个人是相当骄傲、放纵的，又不讲信用。这里先要讲讲鲁桓公和公子彭生的死，这事最能表明齐襄公的为人，且与他后来的被杀有些神秘莫名的关联。

公元前694年，鲁桓公偕同夫人姜氏来同齐襄公会晤。他们先在齐国的泺地相会，随后桓公又与夫人同到齐国的国都。在这过程中，桓公发现自己的夫人与齐侯竟有暧昧的表现。原来，文姜夫人与齐侯本是兄妹，都是齐僖公的儿女。据《史记·齐太公世家》讲，早在文姜出嫁之先，便已与这位兄长有不正当的恋情。

发现了这样的秘密，鲁桓公自然气愤不过，不免发脾气责备文姜。孰料文姜并不改悔，却到哥哥面前告了一状。齐襄公见私情败露，便假意设宴款待鲁桓公，宴会后令公子彭生扶鲁桓公上车。等鲁桓公的车马回到宿处，随从们发现，他已然死在车中。《史记》讲，彭生本是个大力士，借着抱桓公上车的机会，一用力就将他“拉杀”了，《公羊传》也说是彭生摧折桓公的肋骨而杀死他的。

国君横死在外国，鲁国人自是愤怒的，然而畏惧齐国之强，只得忍气吞声，仅仅要求惩治公子彭生，好在“国际”上为鲁国挽回一些面子。齐襄公本来还担心鲁国人不依不饶，忽然听说只有这点要求，便毫不犹豫杀掉彭生，从而将自己的罪责开脱个干干净净。

过了十来年，齐襄公又用同样的背信弃义来对待连称和管至父。

戍守外地，是个苦差事，想来两人并不乐意，齐襄公便许诺：今年瓜熟时前去，来年瓜熟时便派人接替你们。后来“瓜代”一词就指任满离职、由他人来接替。“期”读 jī，指一周年。《尚书·尧典》有“期三百有六旬有六日”的话，说明我国的古人在很古的时代（传说是尧帝的时代）已了解一个太阳年的长度约为三百六十六日，“期”就是指这样的整整一个回归年。

两人上任整整一年，总算盼到瓜熟了，齐侯那里却全无动静。“问”是“音讯”，古时“音信”也可说成“音问”。二人主动提出回国都的要求，齐侯也全然不予理睬。以襄公这样骄傲、无信的性格，他失信于大臣，只是早晚的事情。

> 僖公之母弟曰夷仲年，生公孙无知，有宠于僖公，衣服礼秩如适。襄公绌之。二人因之以作乱。

连称和管至父到底只是两个大夫，又长年被抛在国都以外干苦差事，他们虽有作乱的心，无奈却不大有作乱的力量。两人环顾朝廷，终于找到有地位又有怨气的公孙无知来当他们的主谋。

齐襄公的父亲是齐僖公，齐僖公有位同母兄弟，叫夷仲年。他名叫“年”，“仲”是他在兄弟中的行第，“夷”是他的谥号。公孙无知就是夷仲年的儿子。所以，他与齐襄公是堂兄弟的关系。夷仲年很受齐僖公的宠信，曾经两度受命到鲁国访问，《春秋》都记载“齐侯使其弟年来聘”（参见《春秋》隐公六年、桓公三年）。

齐僖公对夷仲年这个弟弟很不错，对弟弟的儿子公孙无知也很喜爱，让他的穿戴、享受的礼数，样样都同太子一般。“适”同“嫡”，就是嫡子，指僖公的太子、未来的襄公。对这事，襄公自然是老早就看不惯了，所以，等父亲去世后，襄公一即位便降低了公孙无知的待遇。

然而，公孙无知自小习惯了这种不当的尊宠，忽然有人要来剥夺它，这使他异常愤恨。正好公孙无知从他父亲夷仲年那里又继承了不小的权势，这样，齐襄公与公孙无知间的嫌隙，便免不了了。

公孙无知有弑君的实力，也具备弑君的动机，连称、管至父二人的复杂阴谋，便借着公孙无知铺展开来。

连称有从妹在公宫，无宠，使间公。曰："捷，吾以汝为夫人。"

连称、管至父常年在葵丘出差，公孙无知虽有身份，但襄公对他是猜嫌的，若没有安全、隐蔽的消息灵通人士随时为他们通风报信，他们想对国君下手也很难找到机会。这时，他们又发现一个"人才"：连称有个堂妹，在齐襄公的后宫中，但是并不得宠，心中难免积聚着哀怨。

公孙无知教她窥伺襄公的一举一动，"事成之后，等我当了国君，我就立你为君夫人"。公孙无知的一个承诺，立时使这失意的女子燃起了希望，参与了这桩巨大的阴谋。至此，有权势的主谋，方便的内应，样样准备妥当，齐襄公不知不觉中陷入了危险的境地。

冬十二月，齐侯游于姑棼，遂田于贝丘。见大豕（shǐ）。从者曰："公子彭生也。"公怒，曰："彭生敢见！"射之。豕人立而啼。公惧，队于车。伤足，丧屦。

冬季是狩猎的好时候，山林中的草木干燥、稀疏了，视野很好；动物为了越冬，长得也特别肥壮；尤其春、夏、秋三季农忙，到冬天，终于可以从百姓里抽调出大量人手，组织起阵势，好从四面八方包抄合围，将野物赶拢来一处。冬季的狩猎，既是娱乐，又是练兵，上好的猎物也是给祖先的大好献祭。这年十二月，齐襄公到姑棼游玩，接着就在贝丘狩猎。

狩猎中，仿佛是为了预示他的厄运，惊悚的一幕来临了——一头大野猪出现在襄公的车前。打猎遇上野猪，本是极平常的事，可是，襄公的随从中突然有人惊呼起来："彭生！公子彭生！是公子彭生！"这真让人汗毛倒竖：莫非襄公看到的野猪，从旁人的眼中看，竟是那十年前死去的公子彭生的样貌？

极度的恐惧笼罩着齐襄公，他狠狠地射去一箭："彭生怎敢出现！"他的大怒正是无法克制的恐惧的体现。

野猪离得那样近，当然被射中了。可是，也许是过度惊恐让齐襄公的动作走形了，野猪受伤而未死，竟然如人一般直立起身子，挣扎着，嗥啼起来。襄公终于支撑不住，腿一软，跌下了车子。脚也摔坏了，鞋子也弄丢了——厄运已经不可逆转地向他袭来了。

反，诛屦于徒人费。弗得，鞭之，见血。

襄公一行人仓皇地回到住处，单“丧屦”一事已尽显当时的狼狈。回来以后，责令侍人费（据后人研究，“徒人”当为“侍人”之误，是古书流传过程中造成的，“侍人”在这里指国君身边的宦寺）去寻鞋子。“诛”，责求、索要。费找不到，齐襄公就鞭打他，打得背上都见血了。不是襄公小气舍不得鞋子，而是过度的恐慌令他失魂落魄，所以才迁怒于人。自然这个过分的举动也暴露了他平日的乖张、残暴，像对待彭生、连称、管至父一样，将身边的大臣、随从都不当人。

走出，遇贼于门。劫而束之。费曰：“我奚御哉？”袒而示之背。信之。

在那个时代，宦官小臣可怜得很，不要说挨打，就是被主人随便杀掉，也是分内的事。比如骊姬之乱的时候，晋献公因要试验祭肉是否有毒，便给一条狗吃，狗马上中毒死了，这之后却又教一个小臣去尝，小臣也只好吃下有毒的祭肉，也毒死了（参见《左传·僖公四年》）。寺人费受了责打，哪敢吭声，只好慌慌张张一路小跑地退下了。

可巧刚跑到门口，正撞见前来弑君的贼人。他们怕走漏消息，自然捉住费不放。刚好背上有新打的见血的鞭痕，费就解开衣服："你们看这伤，我哪会抵抗你们啊？"恨齐襄公的人太多，贼人们看着那鞭痕，自然也把这侍人费认作那苦大仇深的一分子了，于是相信了他。

费请先入。伏公而出，斗，死于门中。石之纷如死于阶下。遂入，杀孟阳于床。曰："非君也，不类。"见公之足于户下，遂弑之，而立无知。

费假装请求一马当先去杀襄公，贼人们也允许了。但他一进宫便着手安排保护国君。襄公伤了脚，逃也逃不动，身边的侍卫也不知到哪里去了，最终，费只能和石之纷如、孟阳一起，做了一场徒劳的反抗。他们把襄公藏在门后，又让孟阳躺在床上假充国君，然后，费与石之纷如又出来权且抵抗。这一切的安排，是在极端绝望的情形下，抱着最后一点侥幸的想法，希望能骗过贼人的眼睛，使襄公活命。这位忠诚的小臣费尽心思，然而幸运却终究没有降临在襄公头上。

他们安排完毕，便出来和叛贼们格斗而死。费死在门中，石之纷如死在台阶下。贼人便闯入宫中，将孟阳杀死在床上。再仔细看看，说："这人不是国君，长得不像。"待要去追，一眼看到国君的脚露在门下边，便找出他来杀了。过后这些人立了公孙无知为国君。

公子彭生的冤魂所投下的阴影，是齐襄公命运的转折点，此后，他的受伤、被杀都顺理成章地发生了。

其实，这桩可怖的奇异事件，也有可能是这场谋杀中精心设计的一个环节。当游于姑棼、田于贝丘之际，国君的行踪也许早在他人的掌握之中，不然，何以贼人能在国君受伤的当夜及时赶来、直捣寝宫？襄公的多数侍从也许早已被收买了，大豕出现的当时，是谁喊出的“公子彭生”？贼人闯入宫中，为何只有三人保卫？一群外来的贼人在仓皇之中为什么能迅速辨认出被杀的孟阳不是国君？《左传》完全省去了几位同谋者谋划、联络、收买侍从、通风报信的种种行径，而直接将故事推向顶点，使整个事件显示出强烈的戏剧感和浓厚的神秘气息。

不过，司马迁在《史记》中也完整地转述了襄公被杀的过程，并未对彭生显灵一事的奇异性质表示过任何怀疑。《史记》接下来还有这样的话：“初，襄公之醉杀鲁桓公，通其夫人，杀诛数不当，淫于妇人，数欺大臣，群弟恐祸及……”（参见《史记·齐太公世家》）从这里便看得出齐襄公的为人，以及在他治下齐国的昏天黑地。在《史记》和《左传》的叙述中，公子彭生的显灵，俨然便是齐襄公恶贯满盈的标志；而齐襄公的被杀，也正是他一生行事为人的综合结果。这是《左传》记述奇异事件的特色，在神秘中透着不神秘。

还需要说明的是，野心勃勃的贵族、对国君失望的大臣、满腹哀怨的妇女，他们通过这场成功的谋杀，其实并没有真正获得预期的胜利。齐襄公被害后，公孙无知自立为国君，到了第二年春天，公孙无知也被仇人杀死了。新的国君风尘仆仆地从东面的莒国赶来——齐桓公的时代开始了。

第四讲

说容易也容易——卫懿公亡国和卫文公中兴

春秋二百四十二年，恶性事件多发，单弑君、亡国二项，依汉代流行的说法便是“弑君三十六，亡国五十二”（见《史记·太史公自序》《淮南子·主术训》《汉书·刘向传》等）。

这是否为确切数字，前人颇多争论。历来喜好钻研学问的多半都是“好事者”，亲自统计、核实这两个数字的也不乏其人，唐代颜师古曾排比《春秋》中的事实，把三十六、五十二都坐实了（见《汉书》颜师古注卷三十六），清代梁玉绳、王先谦又各自提出过不同的数字。

搁置太具体的数据出入不谈，总之，我们且认为春秋之中弑君、亡国之多以数十计是不会有错的。纵然那时的诸侯国比不上后来秦王朝、汉王朝、唐王朝的博大耐用、“百足之虫，死而不僵”，在两个半世纪中弑君、亡国达数十次也是非常多的。更何况，除被弑之外，当时国君还有不少死于非命的荒唐法子；除彻底灭国绝嗣之外，许多国家名存实亡、垂亡复存、国都失陷、君长被俘、储嗣遇害，诸如此类事件不胜枚举，实在令人奇怪倾家灭国、身败名裂为何来得如此容易！看看《左传》的记载，就是这么惊人地容易。春秋初年卫懿公的亡国和丧命就是这个样子。

冬十二月，狄人伐卫。卫懿公好鹤，鹤有乘轩者。将战，国人受甲者皆曰："使鹤！鹤实有禄位，余焉能战？"公与石祁子玦，与宁庄子矢，使守，曰："以此赞国，择利而为之。"与夫人绣衣，曰："听于二子！"渠孔御戎，子伯为右；黄夷前驱，孔婴齐殿。及狄人战于荧泽，卫师败绩，遂灭卫。卫侯不去其旗，是以甚败。狄人囚史华龙滑与礼孔，以逐卫人。二人曰："我，大史也，实掌其祭。不先，国不可得也。"乃先之。至，则告守曰："不可待也。"夜与国人出。狄入卫，遂从之，又败诸河。

初，惠公之即位也少，齐人使昭伯烝于宣姜，不可，强之。生齐子、戴公、文公、宋桓夫人、许穆夫人。文公为卫之多患也，先适齐。及败，宋桓公逆诸河，宵济。卫之遗民男女七百有三十人，益之以共、滕之民为五千人。立戴公以庐于曹。许穆夫人赋《载驰》。齐侯使公子无亏帅车三百乘、甲士三千人以戍曹。归公乘马，祭服五称，牛、羊、豕、鸡、狗皆三百与门材。归夫人鱼轩，重锦三十两。

……

僖之元年，齐桓公迁邢于夷仪。二年，封卫于楚丘。邢迁如归，卫国忘亡。

卫文公大布之衣、大帛之冠，务材训农，通商惠工，敬教劝学，授方任能。元年，革车三十乘；季年，乃三百乘。（《左传·闵公二年》）

冬十二月，狄人伐卫。

鲁闵公二年（公元前660年）的十二月，狄人攻打卫国。

“狄”又写为“翟”，春秋时用来泛称中原以北的非华夏人。“北狄”，与东夷、南蛮、西戎共同构成所谓“四夷”，是当时与“中国”（中原各国）对立的空间和种族概念。

其实狄人是夏人、戎人和一部分迁徙的周人融合而成的人群，内部构成很复杂，且未尝与中原各国毫无血缘关系，只是其文化较诸夏落后得多，所以被周文化区域视为“非我族类”的存在。

狄人见于《春秋》正文的最早记录，是鲁庄公三十二年的“狄伐邢”，之后便是两年后“狄入卫”了。后来，邢国被迫搬迁，卫国几乎被消灭，随后也迁徙、重建，可见北狄闯入历史（这当然是鲁国人的“近现代史”）的姿态是何等的勇悍。

其实，这个印象也许也有点误会的成分在内。狄人自商、周以来就分布于陇东、陕北、晋北较大的区域内。到春秋的鲁庄公时代（公元前693至前662年），晋献公向狄人的地域开疆拓土，他的近臣便曾劝他“狄人的土地广大无比，晋国拿来正好建立都邑，晋国的国土扩张，不是正相宜吗”（“狄之广莫，于晋为都。晋之启土，不亦宜乎！”参见《左传·庄公二十八年》），这虽是他后娶的骊戎族夫人用来使他疏远以前的公子们的诡计，但其言论却正合于当时晋国迅速崛起和扩张的形势与国策。

就这样，晋献公针对狄人加强了西面蒲、屈二城的建设。这事就发生在“狄伐邢”的前四年，“狄入卫”的前六年。晋国向西的扩张还伴随有军事行动，在“狄入卫”的同一年，便发生了太子申生大败赤狄“东山皋落氏”的事件。

据此推测，大约晋国的西进是促使狄人东窜的一部分原因，它使原本活动在晋国西面、北面的狄人一支突然出现在晋东南，并且入寇中原，威胁到河北西部的邢国和河南北部的卫国，影响迅速及于齐、鲁、郑、宋等国。因为狄人来得突然，邢国、卫国大概缺乏与他们对抗的经验，便失去了抵抗的能力，只能向中原腹地撤退。

看来，狄祸的兴起，一方面是由于西周东迁之后“王纲失坠”，不足以捍御外寇，另一方面也是西周以来的“中国”疆域正在扩大，诸侯国崛起扩张，使“中国”与“四夷”之间未曾充分开发过的地带正被逐渐占有和充实——卫国和卫国人的命运，就是在这历史的总运势中展开的，是多种博弈综合作用的结果。

从《春秋》所记录的纷繁实事中抽绎出的基本原则和价值观念，谓之“春秋大义”。其中一条重要内容就是诸夏与夷狄之辨，即站在诸夏的立场上看问题，认可并保护中原地区的较为进步的文明。而《春秋》记载的二百四十二年间华夏与周边部族的生存竞争，便是这一观念背后特殊、具体的历史经验。

卫懿公好鹤，鹤有乘轩者。将战，国人受甲者皆曰：“使鹤！鹤实有禄位，余焉能战？”

卫懿公喜爱鹤，他所养的鹤中，有的甚至享受乘坐轩车的待遇。轩是大夫以上的贵族才能乘的车子，卫懿公爱鹤达到了让鹤乘轩车的地步。

由于喜爱而强加以各种没必要的奢侈待遇，也不管那被爱的对象难不难受，历来是表达热爱的蛮横方式，是权势者骄奢的标志。据说楚庄王也曾让爱马披上锦绣衣服，住进豪华房间，睡在席上，吃着蜜饯和枣子。那可怜的马儿因为营养过剩和缺乏运动，到底死于肥胖病。这时楚王还不罢休，又想到用上等棺椁按贵族的礼仪厚葬它（“楚庄王之时，有所爱马，衣以文绣，置之华屋之下，席以露床，啖以枣脯。马病肥死，使群臣丧之，欲以棺椁大夫之礼葬之。”参见《史记·滑稽列传》)。

可是习于翱翔和涉水的鹤，怎样能够让它安静乘车呢？古人对此也颇感困惑。杨伯峻解释道：“汪中《述学·释三九中》云：‘谓以卿之秩宠之，以卿之禄食之也。’汪说可信。《贾子春秋》云：‘卫懿公喜鹤，鹤有饰以文绣而乘轩者。’则以鹤乘轩车为实有其事，恐不可信。”(《春秋左传注》）意思是说，所谓“乘轩”，并非真坐轩车，而是让鹤享受坐轩车级别的官员（即一国之卿大夫）的待遇和收入。

可是，当时卿大夫的禄、秩（也是“禄”的意思）是指什么呢？是指采邑呢，还是指小米呢？这两种形式的“禄”，在当时都有。鹤又如何享受它？或者又如何兑换成相应数量的“鹤粮”？窃以为当时既然能够畜养本有迁徙习性的鹤，便自然有办法驯化其中一小部分，使之安坐于车上，这反比将卿的俸禄折合成饲料令鹤享用来得容易些。而且，依当时的惯例，国君出行时后有车队跟从，近臣之类可以乘坐跟随，想来鹤就是坐在这样的位置上，以备出行的国君随时玩赏的。也只有如此，国君对鹤的这份“痴情”才展现得特别直观。这种景象对国人造成的冲击不言而喻，以至大难临头，便爆发出“鹤实有禄位”的愤怒指责。

一百多年后的孔夫子，也是在卫国，也曾坐着“次乘”（第二辆车）跟在卫灵公的车子后“招摇过市”，大约与当年鹤的待遇相仿佛吧——彼时，与灵公同车走在前面的，是受宠信的宦官雍渠和那风味独特的美人南子夫人。

将要与狄人开战的时候，进行战前总动员。平时战车、铠甲、武器都是国家管制的，收在府库里。等要打仗的时候，才集合在太庙中，誓师，发放武器战具，从发放的一方讲叫“授甲”，从接受的一方叫“受甲”。

这次，被召集来受甲的国人都有了意见，他们说：“让鹤去！鹤才是享有国家各种福利待遇的，我们哪里打得了仗！”那时的“国人”仿佛是今天的“纳税人”，拥有比较完整、对等的权利和义务，不同于“野人”（生活在乡野的农夫）和奴隶。国人可以议政，甚至参与讨论推举国君、选择外交路线，他们也承担保卫国家的义务。因为卫国的各项事业废弛太久，国人的权益长期受损，关键时刻也就拒绝履行义务。“鹤实有禄位”是激愤的国人在脑海中捕捉到的国家政治状况的缩影，国人的不满绝不只为这么一件事。

公与石祁子玦，与宁庄子矢，使守，曰：“以此赞国，择利而为之。”与夫人绣衣，曰：“听于二子！”

卫懿公交给石祁子玉玦，交给宁庄子箭，派他们守城。石祁子是曾经大义灭亲、拯救卫国的“纯臣”——石碏的族人，宁庄子名速，是卫国公族，数代为国卿，这两个人都是忠臣。卫懿公平时虽然爱鹤，打起仗来还是知道应该倚靠谁的。

“玦”与“决”同音，可象征决心、诀别，又可代表决定权；箭矢的特性是一往无前，象征誓言，当然它本身也是武器，大约也可以暗示战斗、捍卫吧。国君把这两件东西交给他们，乃是君臣之间的郑重托付，请他们尽心守城，同时也给他们危急时刻独立决断的权力，所谓“以此赞国，择利而为之”，就是“拿着这两件东西的授权，来辅佐、赞助国家，便宜行事”。这表示国君自己已有了战死的准备。

“玦”“矢”都有特定含义，那么卫懿公留给夫人的“绣衣”也应如此，绣衣用于穿服，应该是取“服从”之意，这与他嘱咐夫人的“听于二子”（“服从他们二位”）之言相符。

渠孔御戎，子伯为右；黄夷前驱，孔婴齐殿。

这是卫国的出场阵容：渠孔给卫懿公驾驭战车，子伯当警卫员，黄夷为前锋，孔婴齐殿后。

春秋时代的战争，以车战为主要形式，故战斗力的大小或战利品的多少，亦往往以车若干乘来衡量，如晋楚城濮之战，晋车七百乘。城濮之战时，楚方的统帅是子玉，他的同僚讲他带兵的水平，也是用能带多少辆战车来讲：“过三百乘，其不能以入矣”——让他带兵太多，超过三百乘，他就回不来了，他负不起这么大的责任。

步兵称“徒”，是按一定比例与战车相配合使用的，具体比例有车一徒十、车一徒三十、车一徒七十二等诸多说法，至今尚无定论，可能是由于自春秋至战国的不同时期，配置的比例有所变化，所以有这许多不同的记载。

车上还有甲士。一辆兵车通常载甲士三人，一为御者，居中而坐，叫御戎；一为射手，居左，称“车左”；一为擅长近战的力士，负责车的保卫和行进中排除险阻，称“车右”，又称“骖乘”。有时为加强战斗力，会在三人之外增加甲士一人，称为“驷乘”。

若是主帅之车，则主帅居中掌握旗鼓，指挥作战，御戎居左驾车，车右居右负责保卫。“渠孔御戎，子伯为右”，就是渠孔为国君驾车，子伯做保卫工作。

《左传》记载战争，国君或主帅的御者和车右一般备载于文中，盖因其于战争中的作用异常重要，他们不仅是驾驶员和警卫员，关键时刻也可能成为主帅的参谋或救得国君的性命。比如，鲁成公二年（公元前589年），晋、齐之间发生了一场大战，战场上，晋军主帅郤克受伤严重，几乎没法坚持指挥了，多亏御者和车右两人一齐激励、慰勉他，这才取得大胜，几乎活捉了齐顷公。

及狄人战于荧泽，卫师败绩，遂灭卫。卫侯不去其旗，是以甚败。

双方在荧泽开战，卫军败了，狄人于是灭了卫国。卫懿公没有取掉自己车上的旗帜，所以败得很惨。因为战车和军服都是统一样式的，去掉旗帜敌人便无从分别国君的战车和普通战车，国君便更易于逃脱。

卫懿公大概知道以前重鹤轻人、怠慢国政是错了，这时毅然将城郭的防守托付于重臣，自己整军出战，表现出一副无畏的模样，甚至在大败的情况下也不肯取掉自己战车上的旗帜来逃生。可是此时人心离散、大势已去，他的这些英勇行为无非是一种意气用事，只堪为自己挽回些面子罢了，使后来人宽容一点评价他，可是对于灭掉的卫国和流离的百姓而言，终究没有什么益处。这种勇气，放在今天叫“破罐子破摔”，是一种不计后果的逞强行为。

《吕氏春秋》讲述他的惨败，更是血淋淋地可怕，“翟人攻卫，其民曰：‘君之所予位禄者，鹤也；所贵富者，宫人也。君使宫人与鹤战，余焉能战？’遂溃而去。翟人至，及懿公于荣（荧之误）泽，杀之，尽食其肉，独舍其肝”（参见《吕氏春秋·

忠廉》)。

呜呼！狄人到底不懂情趣，那样风雅好鹤又似乎有点子勇气的卫懿公，就这样给他们吃掉了！

看来，不论是琴棋书画，还是收藏鉴赏，对普通人来说可能属于高雅情趣的活动，却大有可能是领导人不宜参与的活动，卫懿公的鹤，就如同《水浒传》里有名的“花石纲”一样，是治国者玩物丧志的象征物。

卫人仓皇败北的惨况，备载于《左传》，其中同时还记录了当时“国际”上对于他们的救援行动。助他们重新建国，也是齐桓公霸业的重要部分。

狄人囚史华龙滑与礼孔，以逐卫人。二人曰：“我，大史也，实掌其祭。不先，国不可得也。”乃先之。至，则告守曰：“不可待也。”夜与国人出。狄入卫，遂从之，又败诸河。

狄人俘虏了太史华龙滑和礼孔，带着二人追击卫军。二人说：“我们是太史，是掌管卫国祭祀的人。如果我们不先回国都，国都是拿不下来的。”

“国不可得也”，“国”是“国都”。春秋时“国”有时用作抽象指国家，如“国之大事，在祀与戎”；有时是指具体的国都。“国”金文写作“或”，有墙垣（囗），有武装（戈，“柲”，武器之柄，后来演变为“戈”字），这是“国”字的本义，后来这个词的意义泛化为“国家”的意思，才代表整个诸侯国区域。所以，《左传》中用到一国的国名，也通常指此国的国都，比如：说“鲁”指鲁都曲阜，说“郑”指郑都新郑，“入陈”“入蔡”就是攻入陈、蔡的国都，说“周北门”就指东周王城的北门。这里华龙滑和礼孔二人说的“国不可得”，指的应是卫国的国都不可攻取。

太史负责祭祀，是不假的。但是华龙滑和礼孔说他俩“不先，国不可得也”，那是为了说服狄人放他们先归，是利用狄人不懂得诸夏的制度，又对鬼神和祭祀极为重视。狄人真的信了，便让他们先回国都去了，狄人还在远离国都的地方，追击那些溃败奔逃的卫军。从这里可以窥见当时狄人的文明水准以及他们对诸夏的了解程度。

两人回去便通风报信，到了国都，告诉守城的人：“没法抵抗了。”连夜和国都中的人一起撤离。等狄人进了卫都，国都的人已经向南逃走了。

狄人随后追来，又在黄河边打败了他们。

经过黄河边一败，卫国国都逃出的幸存者仅剩七百三十人。

初，惠公之即位也少，齐人使昭伯烝于宣姜，不可，强之。生齐子、戴公、文公、宋桓夫人、许穆夫人。文公为卫之多患也，先适齐。

从这一段起开始追溯往事，追溯往事是为了说明卫国危亡时刻获救的过程。

“初”是“起初”。《左传》是编年史，依顺着《春秋》，按时间先后记事，事情的主线大抵是“国际”朝会征伐和列国的存亡兴坏。但是现实中的事情头绪永远很多，有些因素在历史中发生显著作用，总是远在它植下根芽之后许多年，在它发生之初无从追踪。这样，难免要在主线上旁生枝节，随时插叙解释某些人、事忽然出现的缘由。《左传》大多以“初”为标志，表示暂时跳开主线的时间，追溯更早时代的事情。这里是要讲一段大约四十年前的因缘：

“起初，卫惠公即位时年龄幼小，齐国人让昭伯与宣姜成亲。昭伯不同意，齐国人便强迫他。（于是，他与宣姜成亲）生下齐子、戴公、文公、宋桓夫人、许穆夫人。文公因为卫国祸患太多，在与狄交战前就去了齐国。”

卫惠公名朔，是这位爱鹤的卫懿公的父亲，同时也是卫宣公的儿子，从宣公到惠公、懿公，这祖孙三代有着混乱的家史。《左传》说卫惠公即位时年龄尚小，因为他本是卫宣公的幼子，他还有两个可怜的兄长，叫作急子和寿。

卫宣公名晋。在春秋的历史中，卫宣公是个以荒淫著称的国君。他年轻时与卫庄公的妾，也就是他的庶母夷姜通奸（下与上通奸，古时叫作“烝”），生下一个儿子，取名急子，《史记》中写作“伋子”。

卫庄公死后，卫桓公（卫宣公的兄长）继位。过了十几年后，卫庄公的另一个儿子公子州吁弑桓公而自立为君，闹得卫国大乱。托这场动乱的福，君位最后却落在公子晋毫无准备的怀抱里了，这位就是卫宣公。

卫宣公即位，就立他与庶母夷姜通奸所生的急子为太子，拜托给一位大臣来辅佐，并给他娶齐女为妻（这位“齐女”，似为齐僖公的女儿，《史记》《左传》皆未明言之，《列女传》称其为齐侯之女，以年世推算，似为齐僖公女不误，那么跟鲁桓夫人“文姜”算是姊妹）。

可是，等见了美丽的齐女，卫宣公又旧病复发，把她夺过来自己娶了，这女子后世就称为“宣姜”。

宣姜从急子的未婚妻变成了急子的后母，心中当然是不甘的，《诗·邶风·新台》据说就是歌咏这件事的：“华美的新台，与清澈的水波相称；少女求的是美少年，却碰上个糟老头子……布下网子要捕鱼，鸿雁却落在网中；少女求的是美少年，却碰上个大癞蛤蟆。”这真是“癞蛤蟆吃了天鹅肉”，民间歌谣道出了这样的观感。

可是，时过境迁，等宣姜生下了寿和朔两个公子，她的心事就变了。大概是出于对未来安全的担忧，她开始希望自己的儿子能当上国君。她和小儿子朔日夜在宣公面前说急子的坏话。这期间，急子的母亲夷姜也因被排挤而自杀了。

宣公因为自己做过对不起急子的事，所以很喜欢听关于急子的坏话，他宁愿相信急子其实是很坏的。这是一种蛮阴暗、可惜在人群中又蛮普遍的心理，为减轻内心的愧疚，人们往往越是亏欠谁，就越是挑剔他，越是尽力向自己证明：这人很坏，不值得对他同情或怀有歉意。（这是人在潜意识中对自己的保护，如果能够正视这种心理，对待他人就可以更公正、更坦白一些。）就这样，宣姜和朔的谗言很容易就被听进去了。最后，卫宣公下决心除掉这个一直令他良心不安的儿子。他假装命令急子出使齐国，而暗地派出杀手，准备在去齐国的路上杀死他。

宣姜的大儿子寿却是个另样的人，他听说这个阴谋，立即通知急子逃亡避难。见急子坚守孝道，不肯逃走，寿又假装饯行，趁急子酒醉，代替他上路了。等急子醒来，不见了寿和出使所用的旗帜，赶紧追上去时，寿却已代替他死掉了。

急子对那些杀手说："你们要找的人是我呀！他有什么罪？你们杀了我吧！"兄弟两个就这样双双死在父亲的刀下。（参见《左传·桓公十六年》）

关于他们的兄弟情谊，《东周列国志》渲染得很动人，在尔虞我诈的时代中，这简直像童话一般。《诗经·邶风》中有一篇

《二子乘舟》：

“二子乘舟，泛泛其景。愿言思子，中心养养。

二子乘舟，泛泛其逝。愿言思子，不瑕有害。”

“他俩乘着船，飘飘然的背影。我想着他们，心中愁烦不定。他俩乘着船，飘飘然地去远。我念着他们，只愿他们平安！”

《毛诗序》和《韩诗外传》都说这诗是卫人为急子和寿而作的。这诗的主旨，有人说是劝其乘舟远逝，全身避祸；有人说是过后追记之词，悼念他们的丧亡。前人说法不一，其实却内在相通，都是深惜他们的陨灭罢了。从寥寥数语中，只能看到被切切地担忧着和祝福着的两个人渐行渐远的背影，却完全淡去了黑暗、血腥的事实，无论是规劝还是伤悼，这措辞都算极其委婉了。也许因为关涉时政，很多事不敢明言吧；也许更因为痛惜和伤悼，那些不敢明言的事，同时也是不忍明言的吧。

于是，在卫宣公死后，宣姜和朔母子如愿地得到了卫国，公子朔便是卫惠公。可是，由于急子、寿子的死引起的公愤，加上惠公朔即位时年纪太小，使这母子俩并不能牢牢地掌握权力。到即位的第四年，卫惠公便被过去负责教育、辅佐急子和寿子的大臣们驱赶，不得不奔避到他母亲出生的齐国去了。过了八年，才又在齐人、鲁人、宋人、陈人、蔡人五国联军的武装护送下回国。

大约在避难于齐的前后，齐国人强制昭伯与宣姜通奸，其目的恐怕就是见宣姜母子的孤弱，欲为他们寻找新的靠山吧。同时，齐国人这样做也是为了保证卫国能有一个亲近齐国的政府。昭伯是急子的同母兄，当时已经年龄不小了，可能在卫国比较有的地位。

宣姜当年本要嫁给作为儿子的急子为妻，不料竟不得已嫁给了父亲，成了后母；现在又不得已与儿子辈的昭伯通奸，这样的丑闻，惹得全国上下一片嘲骂，据说，《诗经》中《墙有茨》《鹑之奔奔》诸篇都反映了当时的实况。

权力来得真不易，宣姜的心中是怎样一番滋味，我们后人无从得知，总之这沉甸甸的权力终于被宣姜、惠公母子抓牢了，然后传给了惠公的儿子——懿公赤。结果，不到十年，又终于被这位好鹤的懿公干净利落地丢掉了。

以上就是从卫宣公以下一段混乱的家族婚姻史，在后代，卫宣公和宣姜都成了荒淫无耻的典型。但是，有些事实还是应该注意到：卫宣公娶了庶母夷姜，所生的儿子却可以立为太子，当时并不见国内有大臣反对；宣公娶了准儿媳妇，但宣姜和她的儿子们的地位还是被承认了；宣姜与庶子昭伯的结合，也是齐国人主动促成的，昭伯不同意，齐国人还要逼迫他接受。从这些事实看，当时诸侯国公室中的婚俗与后代可能还有所不同，娶庶母大概还不被看得那样严重，而为了实际利益的考虑，也可能会允许昭伯与宣姜这样的政治通婚（或曰政治通奸）。所以，上述行为在后代看要比在当时看严重得多，件件是对人伦的最大冒犯，后代人对此的容忍度还要远远低于春秋时。之所以会有这样的时代差异，可能是由于《左传》详述的由混乱婚姻关系引起的血腥悲剧和昏天黑地的政治后果，如夷姜的自杀，急子、寿子的死，卫惠公朔的被逐和国家的动乱等，使后来的人们认识到了乱伦对政治生活的巨大破坏。因此，《左传》讲述的春秋初卫国这一段混乱婚姻史，还不完全是一个家族道德堕落的故事，而是一个关于传统婚姻习俗的故事，通过或利或害的后果，旧的习俗被认识，善与恶、是与非被辨别出来，而新的道德意识才得以觉醒和开化，后代对乱伦如此严厉的禁止，可能正与卫国的这段历史教训有关，而这种教训的获得是靠着书写《左传》的一派思想家对这段历史的思考和总结。所以说，春秋时代是我们民族很多道德观念的奠定时期，而《春秋》《左传》参与促成了这些观念的奠定。

宣姜和昭伯后来又生下了二子三女：齐子、戴公、文公、宋桓夫人、许穆夫人。《左传》虽然明显不赞成卫宣公、宣姜的做法和为人，但从当时的事实看，宣姜与昭伯结合所生的子女们并没有受什么歧视，他们也只是一些正常的贵族。在这次狄人侵袭的惨祸中，他们也成为起关键作用的人物，《左传》对他们的表现一一作了记录。

及败，宋桓公逆诸河，宵济。卫之遗民男女七百有三十人，益之以共、滕之民为五千人。立戴公以庐于曹。许穆夫人赋《载驰》。齐侯使公子无亏帅车三百乘、甲士三千人以戍曹。归公乘马，祭服五称，牛、羊、豕、鸡、狗皆三百与门材。归夫人鱼轩，重锦三十两。

在这次濒于覆灭的危难中，宣姜和昭伯所生的五个子女都各有一点戏份。

卫国败于狄人，宋桓公在黄河边接应卫国的残众，帮他们连夜渡过黄河去。宋桓公名御说，是春秋初一位较有作为的宋君，他娶的是昭伯和宣姜的女儿，就是《左传》说的“宋桓夫人”。他们夫妻俩的儿子，就是后来鼎鼎大名的宋襄公。（但是，后来他们不幸离异了，《诗经》中的《河广》就是写这位母亲离异后在卫国娘家思念远在宋国的儿子的诗。）当时宋国也算一个大国，很有些实力，在这危急存亡的时刻，宋桓公便亲自率人接应卫国的残众。

这时的所谓“卫国”，国都剩下的人口，男女总共七百三十人，加上共、滕两邑的幸存者，总共不过五千人了。他们在曹地拥立昭伯和宣姜的儿子为君，这便是戴公。“庐”本义是田间的草棚子，用来看守庄稼的那种，这里通“旅”，寄居。“庐于曹”，在曹地临时搭建起简陋的营地，暂时安身，建立了卫国的流亡政府。不到一年，戴公薨，后来他的弟弟毁即位，便是复兴卫国的卫文公。

昭伯与宣姜的另一个女儿许穆夫人，是这段灾难历史中最富光彩的人物之一，她创作的《载驰》这首诗，被视为中国历史上最早的爱国诗篇，比大诗人屈原的创作还要早三百多年。

许国是郑国边上一个附庸小国，距离卫国有四五百里远。因为许国弱小，尽管许穆夫人忧心卫国的命运，许国大夫们却只能纷纷谋议而已，没有什么实际行动。许穆夫人试图驱车赶去曹地慰问卫侯，许国群臣又以礼法相沮，不放她前往——依当时的礼制，君夫人若有父母健在时尚可归宁，父母去世后则只可派大夫代为问候兄弟，本人则不可再越境回国了。

宗国覆灭，故土难回，危难中的亲人也不能相见，许国的大夫们庸庸碌碌指望不上，许穆夫人在忧伤和愤慨中创作了《载驰》(《诗经·鄘风》)。

载驰载驱，归唁卫侯。驱马悠悠，言至于漕。大夫跋涉，我心则忧。

既不我嘉，不能旋反。视尔不臧，我思不远。

既不我嘉，不能旋济，视尔不臧，我思不閟。

陟彼阿丘，言采其蝱。女子善怀，亦各有行。许人尤之，众稚且狂。

我行其野，芃芃其麦。控于大邦，谁因谁极？

大夫君子，无我有尤。百尔所思，不如我所之。

《毛序》说："《载驰》，许穆夫人作也。闵其宗国颠覆，自伤不能救也。卫懿公为狄人所灭，国人分散，露于曹地。许穆夫人闵卫之亡，伤许之小，力不能救。思归唁其兄，又义不得，故赋是诗也。"

诗中所说的"漕"，就是《左传》中卫国难民暂居的曹地。诗中说的"大夫"，《毛传》以为是指卫国大夫，他们在国破之后，草行露宿前来告难。后人也有以为是指许国大夫的，他们风尘仆仆前去曹地慰问卫国人。总之，这些男性是这个场合的主角，他们应该负责应付这场大灾难。但是，对许穆夫人来说，单单当一个旁观者是不够的，她对自己的母国有一份主人公的感情还没有得到充分表达，而即使是表达出来了，也很难得到周围许国人的充分理解，他们想：这是卫国的事情，跟已经远嫁到许国的女子有什么关系？打仗啊，救亡啊，这是男人们的事情，一个女人又能做些什么呢？再说，国君夫人只要父母不在世了，便和娘家疏远了，根据礼法也不该随便回国。许穆夫人对卫国命运、亲人安危的难以遏制的牵挂，和对他人不理解的反抗，便凝成了这首诗。

诗的开篇，便是驱车奔驰的紧张情景，好像电影中一个特写镜头。接着是画外音：这是大夫为了奔往卫国，慰问卫侯，马车穿过漫漫长途，要去到卫人暂居的曹地。许穆夫人的目光和心思，就随着这辆马车，奔向自己的兄弟，奔向灾难深重的祖国。想着马车飞驰的样子，她思绪万千：一会儿想到卫人落难寄居的曹地，想起卫国不确定的前途；一会儿又想起许国的大夫们阻挠她回国，也不理解她的心情，对她有种种非议，真是忧虑重重，于是，连想象中的这段去往曹地亲人身旁的路程也显得更加漫长，仿佛遥不可及了。

许国弱小，无法提供太多援助，况且，许国人对卫国的事也并不怎样热心。许国的大夫既束手无策，又漠不关心，对许穆夫人的心情也毫不同情，这就令她十分愤慨："你们不赞成我，使我受阻不能成行，可是看看你们没有任何善举，我怎么能放心不闻不问？你们不赞成我，使我不能渡河回国，可是看看你们毫无办法，我的担心根本无法遏制！"（既不我嘉，不能旋反。视尔不臧，我思不远。既不我嘉，不能旋济，视尔不臧，我思不閟。）

大夫的马车奔往曹地，一路上已经遍布了早春的景象——就在去年十二月，卫国刚刚被狄人毁灭了。许穆夫人想象着，那路旁的山丘上，应该是长满了贝母吧？（蝱是贝母，是可治抑郁的草药。）"若采一些来，也许能治愈我的忧愁。可是这忧愁能怪我吗？人们都说女人感情用事、不顾礼法，可是女人多愁善感也自有她的道理啊！许国上下的人，全然体会不到这特殊时刻我的心情，却死抱住礼法对我横加指摘，其实是粗暴无知。”（陟彼阿丘，言采其蝱。女子善怀，亦各有行。许人尤之，众稚且狂。）

最后，许穆夫人最关切的事情还是卫国的命运，危亡中的卫国应该怎么办呢？她想到的是向主持正义的大国汇报卫国的遭遇，请求援助。“我想向大国控诉卫国的遭遇，唉，现在“国际”上也不太平，到底哪个国家能听我的呼声，让我依靠，为我主持公道呢？”（控于大邦，谁因谁极？）“控”，赴告、求告。“因”，亲近、依凭。“极”，标准、原则，引申为仲裁、主持正义。“许国那些身居高位的大夫君子啊，你们就别一味与我为难了，你们安坐着思来想去的那些东西，都不如我为卫国考虑得周到、深远！”（大夫君子，无我有尤。百尔所思，不如我所之。）“尤”，责备、指摘。

这首诗既富于女性的缠绵、细腻，也具有君夫人的端庄、正大；既凝聚了对宗国、对乡土和对亲人的深情，又富有挽救国家的胆魄和卓识，辞采丰美而风骨刚健，两千年以来面目常新，在近代的民族危亡之中，这首诗也曾唤起过国人的共鸣。

在《载驰》的终章，许穆夫人想到了“控于大邦”的救国之道。她要向大国控诉卫国的遭遇，请求“国际”上的援助，然而，还没有想好哪个国家可以担当起这份“国际”道义，于是发出“谁因谁极”的疑问。她焦急寻求的“大邦”终于出现了，那就是齐国。

五千人寄居在小小的曹地，作为一个国家，既无军队戍守，也无城垣的掩护，等于暴露在旷野上。齐桓公派公子无亏率领战车三百辆、甲士三千人来此守卫，这正是卫人急需的。公子无亏的母亲，便是昭伯与宣姜所生的另一个女儿——卫姬，嫁给齐桓公，被称为“齐子”。

齐国人还送来建国必备的物资。例如为国君驾车用的马和五套祭祀用的礼服，都是政府活动所必需的礼仪用品。卫国人逃得太仓皇，所养的家畜也都散失了，齐国人送来牛、羊、豕、鸡、狗各三百只作为种畜，好让卫人发展畜牧业；送来建材好修筑城郭、房舍，以利于军事防卫和重建经济基础；同时还送给夫人鱼轩和细锦三十匹。“鱼轩”是鱼皮装饰的轩车，“重锦”是细锦，锦织得越细密越厚实，单位面积的分量也越重。齐国人真是想得周到。

僖之元年，齐桓公迁邢于夷仪。二年，封卫于楚丘。邢迁如归，卫国忘亡。

第二年，也就是鲁僖公元年，齐桓公把受狄人压迫的邢国迁到夷仪。又过一年，鲁僖公二年，又把卫国封在了楚丘。

“封”就是“封建”的“封”，其金文字形为以手植木于土堆之上，引申为立木以明土地之经界，种边界树。就是像西周初年分封诸侯的时候一样，划定一块土地，建立起一个国，这国会有它的职能机构（国君、卿大夫、军队），有它的社稷（土神和谷神），有它的宗庙，等等。因为邢国没有被灭亡，所以叫“迁邢”，侧重于地点的转移；而卫国国君被杀、都城被灭，等于国家灭亡了，所以“封卫”侧重于国家的重建。

邢国迁移后十分安定，人民如同回到了故土；卫国也安居乐业，好像忘记了曾经灭亡这回事。“迁邢封卫”是齐桓公霸业的重要部分。狄人一来，霸主的作用显示出来了——提供“国际”援助。移民安置得好，所以“邢迁如归”“卫国忘亡”，人民不但能生存下去，而且灾难过后的心理创伤得到很大程度的平复，做到这一步放在今天也不容易，充分体现了霸主政治的“优越性”。

所以，一百多年以后孔子高度评价辅佐齐桓公的管仲，“微管仲，吾其被发左衽矣”（《论语 · 宪问》），“要是没有管仲辅佐齐桓公抵抗住其他民族的侵袭，我今天的发型、服装都是少数民族的式样了”，也就说我们都沦为被征服民族了。这是霸主政治的历史功绩。

《春秋》大义重视“夷夏之辨”，绝不是空谈理论，这是当时华夏文明真实的生存处境问题。孔子重视管仲，因为管夷吾的事业对孔子时代的生活方式和政治格局的形成还有贡献。

卫文公大布之衣、大帛之冠，务材训农，通商惠工，敬教劝学，授方任能。元年，革车三十乘；季年，乃三百乘。

最后，要补叙一点卫国重建之后的情况。卫戴公即位后很快逝世了，他的兄弟毁即位，便是卫文公。

卫文公的才能如何，我们不甚清楚，但是，正所谓“多难兴邦”，痛苦变乱的经历和国家的实际困难使他非常节俭务实，一改前面几代国君的作风。他穿着粗布衣服，戴着织得很稀疏的低档帛制成的冠，为了重建卫国而朝夕奔忙。

《诗经·鄘风》中有一首《定之方中》，追忆了那段艰苦奋斗、励精图治的岁月，字里行间流露着对国家复兴的信心。

定之方中，作于楚宫。揆之以日，作于楚室。树之榛栗，椅桐梓漆，爰伐琴瑟。

升彼虚矣，以望楚矣。望楚与堂，景山与京。降观于桑。卜云其吉，终焉允臧。

灵雨既零，命彼倌人。星言夙驾，说于桑田。匪直也人，秉心塞渊。騋牝三千。

卫文公在位二十五年（公元前659—前635年），刚即位的时候，卫国的全部家当是重装战车（革车）三十乘，到他在位的最后一年，已达到原来的十倍，三百乘。《定之方中》诗中说“騋牝三千”，就是讲身长七尺以上的良马和母马就有三千匹，可见经济有了极大的发展。《左传》叙卫文公的复兴，跟叙卫懿公的亡国一样，寥寥数语，简简单单，亡，是忽焉而亡，兴，是勃然而兴。

卫文公成功的“秘诀”，就十六个字：“务材训农，通商惠工，敬教劝学，授方任能。”

“务”是“追求”“致力于”，“务材”是努力广栽成材之树，木材能用来修城墙、盖房子、制器具、做棺椁等，是人民养生送死所必不可少的。当时卫国一穷二白，木材是战略物资，制造战车、武器也离不了它，就像新中国刚建立时需要钢铁一样。“训农”是教导人们投入农业生产，多产粮食，《定之方中》里“灵雨既零，命彼倌人。星言夙驾，说于桑田”这几句话，就是描写卫文公冒着小雨，命小臣早早驾车上路，或在晨星未落之时，便已停车于桑田。卫国上下，到处是他奔走田间、鼓励农业生产的身影。“务材训农”是复兴卫国的第一件大事，是发展“第一产业”“第二产业”，建设卫国的经济基础。

“通商惠工”，增强商品流通，利用减少关卡、减免税费等政策，鼓励手工业发展，使手工业者获得实惠。商业和手工业是“第三产业”。

“敬教劝学”，尊重教育，鼓励学习。经济基础有了，还抓精神文明建设，让社会有个健康积极的精神风貌。从教、学两方面加以提倡，尊重从教的人，勉励学习的人。

最后一项“授方任能”，“授”是颁布下去，“授方”是制定合理的方针政策、工作规章，是制度建设；“任能”是挑选人才来任职做事，是“干部队伍建设”。因为“敬教劝学”，好好发展了教育，所以各种需要的人才也培养得出来。这样政府的工作效能就高了。

“敬教劝学，授方任能”等政策对卫国影响深远。一百多年后，吴国的贤公子季札参观卫国时，很喜欢卫国统治集团中的诸多君子，他认为这样的国家会平安无事。(《左传·襄公二十九年》：“适卫，说蘧瑗、史狗、史鳍、公子荆、公叔发、公子朝，曰：‘卫多君子，未有患也。’”）又过了几十年，孔子来到卫国，也觉得这是个可以有所作为的国家，人口众多，朝中又有不少人才，比如孔文子、王孙贾、祝鮀等，尽管当时的卫灵公并不算是个有道明君，但是有这些贤臣在足以保障国家的安全。(《论语·宪问》：“子言卫灵公之无道也，康子曰：‘夫如是，奚而不丧？’孔子曰：‘仲叔圉治宾客，祝鮀治宗庙，王孙贾治军旅。夫如是，奚其丧？’”）可见，建立一套可以源源不断产生人才的健康的机制，可以让好几代人都受益。

这十六个字的复兴大计，从基础说起，逐渐提高，层次分明。卫文公二十五年的工作，加在一起就这些。

国家如何才能变好？说容易好像也很容易，无非是“务材训农，通商惠工，敬教劝学，授方任能”这几方面的工作，外加领导人“大布之衣、大帛之冠”，生活勤俭不腐败。一个一穷二白的国家，在这三言两语中就建设好了，看着真容易，好像“上帝说要有光，于是就有了光”那么直截了当。因为这里的言辞就等于行动，这十六个字不是当时的宣传口号，而是几十年以后人们回顾这个时代，对当时国家实际作为的归纳，都是埋头苦干做出来的。一个社会好不好，人民生活怎么样，行政效率怎么样，教育水平怎么样，老百姓心中其实是有基本要求和基本判断的，踏踏实实按最朴素的标准去做，所有问题都会迎刃而解，国家自然就好了。

第五讲

关于人生志愿的追问——介之推的归隐

鲁僖公二十四年，晋公子重耳历经了十九年的艰险，终于回到祖国继承了君位。大功告成，苦尽甘来，自然想到“回报”的问题——跟随流亡的几位大臣和重耳本人，都觉得这理所应当，有福同享嘛。于是乎赵衰、狐偃、狐毛、胥臣众位“老革命”纷纷被委以重任。唯独一个人看不上这些，这人就是介之推——他是千古以来义务劳动不求回报的志愿者的典型。

《左传》讲这个故事，再简单不过，三言两语，却亲切动人。

晋侯赏从亡者，介之推不言禄，禄亦弗及。

推曰：“献公之子九人，唯君在矣。惠、怀无亲，外内弃之。天未绝晋，必将有主。主晋祀者，非君而谁？天实置之，而二三子以为己力，不亦诬乎？窃人之财，犹谓之盗，况贪天之功以为己力乎？下义其罪，上赏其奸；上下相蒙，难与处矣。”

其母曰：“盍亦求之？以死，谁怼？”

对曰："尤而效之，罪又甚焉。且出怨言，不食其食。"

其母曰："亦使知之，若何？"

对曰："言，身之文也。身将隐，焉用文之？是求显也。"

其母曰："能如是乎？与女偕隐。"

遂隐而死。

晋侯求之不获。以緜上为之田，曰："以志吾过，且旌善人。"（《左传·僖公二十四年》）

晋侯赏从亡者，介之推不言禄，禄亦弗及。

晋侯赏赐曾跟从他流亡在外的人们，介之推没有自己邀功请赏，赏赐也就没轮到他。据《国语》等书讲，这是由于按功劳大小顺序进行封赏，封赏进行了不止一日，等将要轮到介之推的时候，刚好周王室发生了动乱，就是公元前636年（鲁僖公二十四年）的太叔带之乱——周襄王的弟弟太叔带和狄人发动政变，襄王奔郑避难。对于当时各个强国来说，这是莫大的历史机遇，出兵勤王可以提高本国在诸侯间的威信。历尽颠沛流离、隐忍等待的晋侯重耳自然不能错过这个机会，便毅然出兵，不惜抢了曾对自己有恩的秦伯的风头。因此，封赏功臣的事暂时也就搁置了。总之，这时的介之推尚未得到赏赐。

推曰："献公之子九人，唯君在矣。惠、怀无亲，外内弃之。天未绝晋，必将有主。主晋祀者，非君而谁？天实置之，而二三子以为己力，不亦诬乎？窃人之财，犹谓之盗，况贪天之功以为己力乎？下义其罪，上赏其奸；上下相蒙，难与处矣。"

介之推说了一段非常激愤的话："晋献公（重耳的父亲）的儿子总共九个，现在只有我们国君（重耳）还健在，前面获得君位的惠公（重耳之弟夷吾）、怀公（夷吾之子圉）都是德性不好、六亲不认的人，所以国内外共同弃绝他们。这种情况下，只要上天还没打算灭绝晋国，只要晋国还能存在，那必然还会有新主人。晋国祭祀的主持者，不是国君重耳还能是谁呢？其实是上天确立了重耳的位置，或者说白了，是'机会'，而他们几位（"二三子"，跟从重耳流亡的大臣们）都把这当成是自己的功劳，这不是欺骗吗？窃取他人财物，尚且称为盗贼，更何况是冒认上天的功劳为自己的努力呢？在下面的几位认为自己这样窃取上天的功劳是对的，而在上的国君又赏赐这种欺骗行为；上头下头互相包庇，真真没法跟他们一起生活下去啦！"

在介之推看来，重耳最终得以回国即位，乃是大势所趋，历史必然，若将这视为自己的功劳，未免自欺欺人，有投机之嫌。他对待自己极端严格，很大的赏赐或荣誉来了，他要想想自己当得起当不起，扪心自问：“这真是出于我的努力吗？会不会只是侥幸成功，或者里面有无侥幸的成分呢？”常怀这种想法的人，能做到“临财不苟得”。反之，面对患难，对自己要求严格一点的人也会多想想：“这里面没有我自己的责任吗？”这样也就不会轻易自暴自弃，也不容易怨天尤人，随便推卸责任。

公子重耳因骊姬陷害而出奔，《左传》载于鲁僖公四年（当晋献公二十一年），在十二月二十七日戊申太子申生自杀之后，依事理推之，出奔约发生在下年年初。至僖公二十四年（晋惠公卒之次年）周正二月返国即位，重耳及群臣奔走道途凡十九年整，正所谓“险阻艰难，备尝之矣”（参见《左传·僖公二十八年》楚成王语），他的追随者们也是一样。尽管重耳的归国是大势所趋，然而没有这些人长期的艰苦奋斗，也还是不能成功。他们在狄国时，被国内派来的刺客追杀；出亡到卫国五鹿，绝粮到要饭的地步；经过曹国，受到曹共公的侮慢；在齐国，重耳对安稳的生活和齐国妻子心生眷恋，最后被大臣们灌醉偷偷带走；经过楚国，受到楚国贵族们的敌视，几乎被杀……这一路的艰险，像西天取经一般，大臣们的努力，也是不能抹杀的。

选择投身一项事业，就会对未来的结果有所考虑，吃了苦，也希望有回报，这是人之常情。不考虑到这一点，而用对自己的高要求来要求大家，不免钻进牛角尖，自我孤立，介之推因此才感觉到，这些曾经共患难的战友和自己追随过的君主都变得让人难以容忍了。他这时极端孤独，心情郁结，这其中可能有他对自己见解过度执着的因素。后来这个故事衍生出一个焚山而死的结局，在民间流传颇广，《庄子·盗跖》和屈原《九章·惜往日》都对此流行版本有所表现。这大概是人们把介之推的执着再进一步推向极端的结果。

《左传》《吕览》《史记》的作者皆不取此种极端的结局——《左传》将借母亲的问话，一点点化解介之推的执着和愤懑，也一点点向我们展示他的性格和人生选择。

“盍亦求之？以死，谁怼？”

老妈妈心疼儿子，见他这样难过，就劝他：“何不也去讨点封赏？为这事就是难过死了，不也是自己苦自己吗？又能怪谁呢？”批评别人的人，往往自己心气太高，也因此将自己的道路挤得很窄，显出偏狭的样子。老妈妈的建议却很朴实，把他从高高在上的立场拉下来：心里不好受，就去解决它，你也可以去求封赏，去得到和别人相同的东西，那么你就不生气了，大家一团和气。这样可以解决你的难过吗？这里也隐含地道出了很多当时和后世的旁观者对介之推可能抱有的怀疑：“你的难过，会不会是因为没得到赏赐而心里不平衡呢？”但这里是老妈妈充满关怀、爱意的探问，丝毫不含恶意。

其实，介之推之所以非常愤懑，也与当时大臣中间的另一种现象有关，就是争功。

任何重大的成功之后总会面临成果的分配问题。就在介之推讲这番话之前，同时也是重耳回国即位的前夕，发生了很能说明问题的一件事。秦穆公的军队护送重耳回国，大军行到黄河岸边，过了黄河就到晋国了。胜利在望的时候，十九年来一直跟从重耳的大功臣狐偃突然来辞行："我鞍前马后陪您周游天下，这些年犯过的错误实在太多了，我自己都记得不少，况且还有您记得而我自己不知道的呢！请允许我就此离开吧。"结果重耳赶紧投玉璧于黄河，赌咒发誓："假如我重耳回国后敢变心，不与您同心同德，有河神看着呢！"

狐偃的行为，带有要挟君主的成分，胜利在望的时候，赶紧先讨个承诺，免得将来国君找后账，自己吃亏。后来，"狡兔死，走狗烹；敌国破，谋臣亡"变成一条普遍经验，越王勾践对待大夫文种、刘邦对待韩信都是很典型的例子（参见《史记·越王勾践世家》《史记·淮阴侯列传》）。所以，从后来的眼光看，狐偃的行为是很能被理解的。但春秋初年的君臣关系是否就是如此，殊可怀疑。狐偃本人是忠臣加贤臣，对晋文霸业贡献之大载于史册，并且还是重耳的舅舅，他这样做到底用意何在，也值得疑问（比如说是不是在胜利之前给重耳一次教育，预防他变得骄傲），总之，这故事有些像后人加工过的。不过，记载此事的典籍非常多,《左传》《国语》都有,应该是自有它的真实依据。这事件至少说明,在重耳即位的前后,大臣中已有一股为自己考虑将来的风气。司马迁就是把介之推的归隐紧接在此事之后,“是时介子推从,在船中,乃笑曰:‘天实开公子,而子犯(即狐偃)以为己功而要市于君,固足羞也。吾不忍与同位。’乃自隐渡河”(参见《史记·晋世家》)。太史公是把子犯的表现作为介之推归隐的诱因,同时也把子犯作为介之推人格的陪衬了。

此后,在僖公二十八年,晋文公攻打曹国时,争功的问题暴露得更明显了。攻打曹国,目的之一是报复曹共公的无礼。当初重耳还是在流亡途中,路过曹国。曹共公听说他天生不凡,“骈胁”,肋骨长得特别密,就企图偷窥他洗澡,想看个新鲜。后来这事给重耳知道了,于是他发达了就过来报复。在那次“偷窥门”风波中,曹国有一位僖负羁大夫帮助过重耳,是他给重耳通风报信,让他赶紧离开曹国,从而免受曹共公的侮辱。所以在打进曹国国都的时候,晋文公特地吩咐,军队不要进僖负羁的家,而且要赦免他整个家族的人,这是报答他当年的恩惠。可是就有两个跟随过重耳的旧臣,他们一方面仗着自己以往的功劳,一方面又不满于国君给自己的封赏太少,所以一把火烧了僖负羁的家,来发泄怨气,害得晋文公不得不杀了其中一个来示众,以明法令、整军纪(参见《左传·僖公二十八年》)。

这件事从一个侧面反映了重耳归国后一部分旧日大臣的表现。可以想见，介之推之所以把话讲得这样激烈，就是不愿意与这些人为伍。如果说介之推的主张标准太高，有点不近人情，那么与这些人相比，就可以看出介之推品格的可贵。

“尤而效之，罪又甚焉。且出怨言，不食其食。”

母亲建议他也去讨要一点封赏，拉近他与大家的所得，也缩小他与大家行动的差异，这样客观上可以减小心理落差，使心理趋于平衡。

介之推态度很坚决：“认为那种邀功的行为不对，然后还学着那么做，那是更大的错误。而且还说了指责、埋怨人家的话，那就不要吃人家的饭，领人家的赏。”

母亲的建议他是不接受的，但是，通过讨论这个建议，他可以心平气和地谈这个问题了：既做出不邀功的理智选择，也指出自己刚才是说了些“怨言”。这样，理智的部分和情感的部分有了个区分，这好比是给吹得鼓鼓的气球放了一点儿气，内部压力减小了。

介之推的愤懑，遇到不理解的人，很可能被当成有私心——自己得不到赏赐就批评得到的人，“吃不着葡萄说葡萄酸”。老妈妈的一问使他得以披露内心的想法，他虽然很严厉地责备别人，但对待自己确实也是严肃、真诚的，言行一致。认为领赏是不对的，这跟自己得没得到无关；既然能认识到这样不对，批评这种行为，自己就坚决不这么做。

“亦使知之，若何？”

老妈妈想：你的回答表明，你是真心不在乎奖赏，你的苦闷确实不是因为内心不平衡，可是你依然是不快乐呀！妈妈继续帮他想办法：既然领赏你不肯，那么把你的这些想法、这些批评说给国君他们听吧，说出来就痛快了，也比憋着苦自己强，怎么样？

把心里话说出来，至少可以使苦闷得到排解。或者说出你的高尚想法，如果可以使他人认同你，虽然没有物质上的收获，但别人的承认也是另一种可与物质利益相抵的奖励，也有利于达到内心的平衡。

这里隐含了另一层可能的追问：介之推不要利，他是不是喜欢名呢？他是不是想让别人看到自己的高尚呢？介之推也不接受。

“言，身之文也。身将隐，焉用文之？是求显也。”

“言论，是身的装饰品。如果人都要隐遁了，又哪里需要文饰呢？这样做是求显达呀（与求隐正相反）。”

“言论，是人本身的装饰品”，“文”字的本意就是物体表面的花纹、纹饰。激烈、特殊的言论会引起公众关注，会使人成名，作用好像《水浒》里史进身上的刺青，为他博来“九纹龙”的名声。现在人本身都要隐退了，哪还用得着装饰？用装饰等于做广告，广告的目的跟归隐正相反，是要引人注目，生怕别人看不见、记不住。在言论上标新立异就容易成名，古今一例如此，而名声本身又是另一种利益。介之推不是故作清高，他杜绝任何从自己的坚持中谋取利益的可能。

妈妈看明白了，原来自己的孩子真的既不向往高官厚禄，也不是想显示自己的高尚来博取名誉，而是确实另有一种人生追求。这种追求不是人人能懂的，但当妈妈的却完全能够理解。

“能如是乎？与女偕隐。”遂隐而死。

老妈妈真爽快：如果像你说的那样，实际利益不是你要的，他们的理解也不是你要的，那你还犹豫什么？难过什么？“你真能做到这样吗？那我陪你隐居好了。”于是，母子俩相依为命，隐居终身。“隐而死”不是说因为隐居而死掉，“人固有一死”，不是因为隐居而伤害了生命，只是终生安于隐居生活的意思。

通过一步步耐心盘问，介之推内心的高洁逐渐呈现，而愤懑不平的心绪则逐步化解。原本看似纠结成一团的心事——被追随过的君主遗忘、与共事过的同僚隔膜，凡此种种，拿出来逐件拷问：你是为这个苦恼吗，还是另有原因呢？

老妈妈由低到高搭了几个台阶，帮他一点点看清自己的心事。他每否定一个选择，对话也随之前进一步，妈妈步步跟得上。儿子一去十九年，母亲的思念和盼望可想而知，但她丝毫不谈这些，也不去鼓励儿子获取富贵显达，一旦看清他的心意，全然给予理解和支持：你不需要荣华富贵，那么我做母亲的也不需要——消除他的精神负担，鼓励他按自己的志愿去生活。

介之推心中愤懑、孤独的郁结，最终被母亲的耐心开导、理解和陪伴解开，心平气和选择隐居的道路，非常幸福。有如此的母亲，介之推真是有幸。在简短的文字里，母子二人的形象互相照亮，显得分外亲切和高洁。

晋侯求之不获。以緜上为之田，曰：“以志吾过，且旌善人。”

等晋文公想起介之推时，发现他已经远遁山林，找他也没找到。文公也不去穷追不舍，而是尊重他的选择，将他隐居的绵山作为其名义上的封田，这做法类似建立“介之推森林公园”之类，“用它来铭记我曾忘记介之推这个过失，同时用来表彰善人”。这样，达不到介之推境界和没法理解他的选择的人，通过这块纯荣誉性的封田，也可以在较浅层次上稍微理解一点“只知奉献，不求回报”的品质。不强制别人接受自己的恩赏，这一点也正体现出晋侯的宽厚贤明。

第六讲

晋文公谲而不正——城濮之战

春秋是霸政时代，霸政的代表是齐桓、晋文，到战国时候，还有国君眼巴巴儿想知道“桓文之事”，羡慕得不行。

齐桓、晋文有区别，齐桓称霸靠履行“国际”义务，迁邢封卫、尊王攘夷；晋文的霸业，则奠定于一场战争——城濮之战。孔子说“齐桓公正而不谲，晋文公谲而不正”，两位霸主风格不太一样，晋文公鬼点子多一些，他的霸主地位来得不那么堂堂正正。

进入春秋以来，城濮之战是第一次过程复杂的大战，《左传》中有详尽的记录。

冬，楚子及诸侯围宋。宋公孙固如晋告急。先轸曰：“报施救患，取威定霸，于是乎在矣。”狐偃曰：“楚始得曹，而新昏于卫，若伐曹、卫，楚必救之，则齐、宋免矣。”（《左传·僖公二十七年》）

冬，楚子及诸侯围宋。宋公孙固如晋告急。

自公元前643年齐桓公逝世之后，出现了一个不长不短的霸主“空窗期”，十年。在这十年里，“国际”政治暂时失去了重心：先是狄、邢侵卫，然后是卫伐邢，狄又侵卫，最后卫灭邢，与此同时，滑国叛郑，郑入滑；邾国灭须句、鲁国打邾国，结果不小心又反过来被邾国打……再加上霸主候选人互相竞争，于是乎各种暴力应有尽有。孟子说五霸是“三王之罪人”，可是周王既已威严扫地，这天下离了霸主还真是不行。

这十年里，霸主候选人有两个：宋襄公、楚成王。齐孝公也曾一厢情愿地尝试继承父亲的霸业，无奈水平不行，连个鲁国也对付不了。诸侯围绕宋、楚分成两大阵营：宋、曹、卫是一伙儿，郑、陈、蔡跟楚国一伙儿。到公元前638年泓之战结束，宋、楚胜负已判，原来跟着宋国的曹、卫也都跟楚国混去了。

鲁国当时的大敌是齐国，看《春秋》鲁僖公二十六年，今天“齐人侵我西鄙”，明天“齐人伐我北鄙”。所以，本着“凡是敌人反对的我们都赞成”的原则，鲁国就跟楚国结好，引着楚国人来伐齐，还把跑到楚国的齐公子雍安置在攻下来的穀地。公子雍是齐孝公的同父异母兄弟，有他在，齐孝公的君位时刻受到威胁。

到公元前633年（鲁僖公二十七年），齐孝公死了，宋襄公早四年就死了，而楚成王这面形势一片大好。于是，这年冬天，楚成王带上陈、蔡、郑、许一起围攻宋国，没过多久连鲁僖公也赶过来助阵。按照常理推测，只要这次能打得宋国投降，那楚国这个霸主就算当定了。

不承想会节外生枝，宋国告急于晋国。结果，“国际”形势就此逆转，楚、宋争了十年的霸主之位，不到两年便被晋文公坐稳了。

先轸曰：“报施救患，取威定霸，于是乎在矣。”

接到宋国的求援，晋国君臣们不急着出发，先坐家里算计。打仗，不能说打就打。打不打，怎么打，取胜概率有多大，用什么办法取胜，管理层先得考虑这些问题，这叫“庙算”。“庙”是宗庙的意思，国家有大事要在宗庙大殿里开会决定，君臣们里拿算筹摆着算，对方的优势、劣势，我方的优势、劣势，定量分析，好像用计算机模拟实战的样子。最后，得算筹多的一方便有“胜算”。

先轸是军事家加战略家，立即看出，“抗楚援宋”有四大好处：报答恩惠，救助灾患，取得威信，奠定霸权，全都在此一举。

当年，重耳惨遭后妈骊姬虐待，逃难逃到狄国。后来，兄弟夷吾当了国君，照样不肯容他，他又要躲避暗杀，因此跑遍了山西、山东、河南，南到过楚，西到过秦。

在这漫长的旅途中，他没少受委屈。在卫国饿到要饭，到郑国也得不着好脸色，曹国倒是欢迎他——曹共公设好了帘子等着偷窥他洗澡，因为听说他“骈胁”，肋骨连成一片，实在有观赏价值。

到底是超级大国有眼光，重耳到了齐国，被安顿得妥妥帖帖，给车给马，管吃管住，还给媳妇，嫁给他宗室之女。重耳差点儿就在齐国养老了。可惜“好景不长”，重耳被齐国媳妇和跟随流亡的大臣们联合起来灌醉，装车里继续上路。

他到宋国时，正是宋襄公于泓之战惨败之后，宋国军队损失惨重，襄公也受了重伤，国内自然一团糟。即使在这种情况下，宋国人还是热情接待了重耳一行，送他马二十乘，即八十匹，真不少，够组织起一支不小的武装了，几十年前郑庄公和弟弟共叔段打一场内战，也不过投入战车二百乘，几十年后子产参与平定国都暴乱，他一个大家族也不过出车十七乘。这一方面固然因为宋国人古道热肠、重视老理儿，宋襄公本人又好行仁义，另一方面也是宋国新败，急着争取同伴对抗楚国，同时，失败的痛苦体验可能也激发了宋襄公对这位流亡公子更多的同情。总之，这份深情厚谊真令备尝辛酸的公子重耳难忘。现在宋国被围，重耳报恩的时候到了。

宋、楚争了这么多年，可是谁也当不上霸主。当霸主不能光靠拳头大，还得有所贡献。当年齐桓公内安王室，帮着周襄王坐稳王位；外攘夷狄，帮着邢国、卫国避开狄患，迁都重建；盟诸侯于葵丘，约定“凡我同盟之人，既盟之后，言归于好”。诸侯亲附霸主，因为霸主带来相对的和平、秩序，提供“国际”援助。这一点，宋、楚都没做到。现在，拯救宋国于水火，连带免去楚、鲁对齐国的威胁，这组织维和部队参与“国际”事务的大好机会，摆在重耳面前了。

只要战胜楚国，宋国的恩也报了，齐、宋的危难也解了，重耳即位四年，“国际”威望也有了。楚国一败，原本亲附楚国的那些诸侯，自然也就来了。这就是先轸的看法。

狐偃曰：“楚始得曹，而新昏于卫，若伐曹、卫，楚必救之，则齐、宋免矣。”

先轸是大处着眼，完全支持抗楚援宋。但是具体怎么实施？不能不谨慎。

重耳君臣在外流亡十九年，好不容易才回国。回国四年，刚刚站稳脚。两年前，天子被同胞兄弟太叔带联合狄人赶出京师，重耳好好秀了一把，“右师围温，左师逆王”，一面对付据守温地的太叔带，一面护送天子回王城，由此赢得了周天子的倚赖。但是跟抗楚比，围温远远算不上一场硬仗，现在对手是楚国，格外需要注意战术。

晋国在北，宋国在南，两国中间隔着卫国、曹国。要想救宋，晋国军队就得先经过曹、卫，才能来到楚军面前。那样，一方面晋军远道而来，楚军却在宋国城下以逸待劳；另一方面，将卫、曹两个楚国的盟友放在身后，对晋军来说也不太安全。

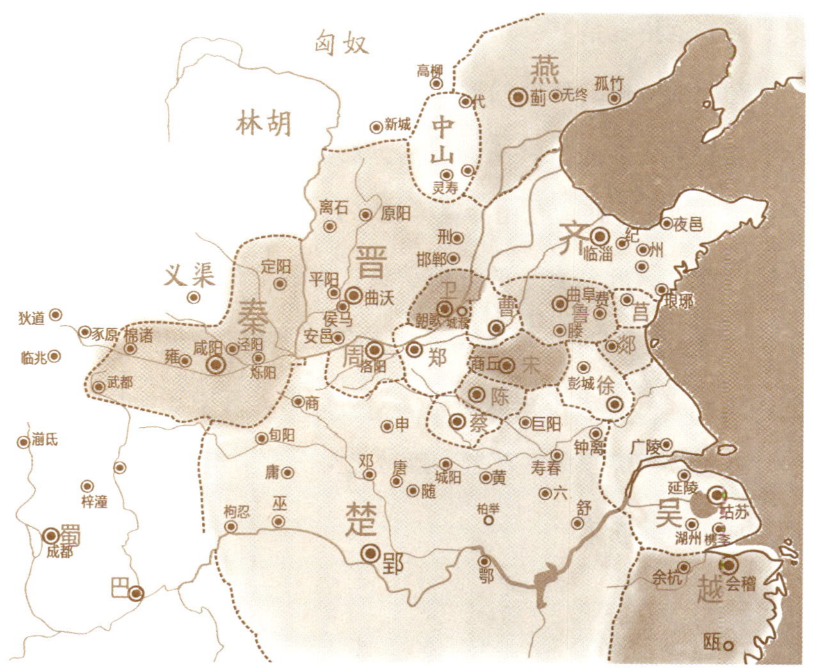

狐偃分析“国际”形势：曹国刚刚归附楚国，卫国刚同楚国联姻，攻打它们，楚国不会放着不管，原本围在齐、宋城下的楚国军队肯定会开过来救曹国和卫国，到时候齐国的难、宋国的围自然都解了。这是后来兵法中“围魏救赵”的原理。

如果事情真这样发展，那么等楚军大老远赶过来时，就成了晋军在曹、卫城下以逸待劳对付楚军，双方攻守之势就会自动逆转。可是，万一楚军不顾曹、卫的死活，按兵不动呢？也不怕，没有楚国的帮助，曹、卫是敌不过晋国的，晋国人可以不慌不忙制服曹、卫（刚好这二国当年都得罪过重耳，正好打一打出出气），然后没有后顾之忧地挥师南下，再对付楚国也不迟。狐偃这招真是怎么都不吃亏。

春秋的时候，战争的规模、持续的时间都远不如战国及以后。就算双方各投入一千辆战车，加上配合的步卒，总人数也不过就几万人；列阵互相冲锋，顶多打到天黑，鞌之战的时候，齐顷公有"灭此朝食"的战前动员，也就是在他预期中连一上午也用不了，打完了还来得及吃早饭。所以，《左传》记叙大战，精彩之处一多半在战前的谋划、部署，其中还包括外交斗争。有时候看完谋划、部署，胜败已见分晓。至于武打、特技、大场面，看头不大。

于是乎蒐于被庐，作三军，谋元帅。赵衰曰："郤縠可。臣亟闻其言矣，说礼乐而敦诗书。诗书，义之府也；礼乐，德之则也；德义，利之本也。《夏书》曰：'赋纳以言，明试以功，车服以庸。'君其试之！"乃使郤縠将中军，郤溱佐之。使狐偃将上军，让于狐毛，而佐之。命赵衰为卿，让于栾枝、先轸。使栾枝将下军，先轸佐之。荀林父御戎，魏犨

为右……（《左传·僖公二十七年》）

主意已定，立即全国动员，“蒐于被庐”。

“大蒐”是从远古狩猎活动演变来的军礼，就是大阅兵。“大蒐”有几项功能，首先是军训。那时军队由国人组成，不是职业军人，都是民兵，得定期组织起来，学习军事纪律、阵法，通过集体狩猎练习战斗技巧。大蒐还是任免将帅和改革军制的场合。这次，晋文公借着大蒐，把原来的左、右二军，增置为上、中、下三军，扩大了军队规模，增强了实力；又任命了三军将、佐，中军郤縠、郤溱，上军狐毛、狐偃，下军栾枝、先轸。“荀林父御戎，魏犨为右”，这是国君的司机和警卫员，在当时也是重要工作，《左传》记历次重要战役都要交代国君或主将的御戎和戎右。

二十八年春，晋侯将伐曹，假道于卫。卫人弗许。还，自南河济，侵曹，伐卫。正月戊申，取五鹿。二月，晋郤縠卒。原轸将中军，胥臣佐下军，上德也。晋侯、齐侯盟于敛盂。卫侯请盟，晋人弗许。卫侯欲与楚，国人不欲，故出其君，以说于晋。卫侯出居于襄牛。

公子买戍卫，楚人救卫，不克。公惧于晋，杀子丛以说

焉。谓楚人曰："不卒戍也。"(《左传·僖公二十八年》)

准备就绪，就发兵伐曹。晋国在西，曹国在东，中间隔着卫国，于是跟卫国借路。

"假道"也是当时的"礼"，习惯法。军事行动或外交原因，从别国路过，得申请借路，否则人家可以视你为威胁人家国家安全。"崤之战"就是因为秦国要偷袭郑国，秘密越过晋国南部边境，违反了"国际"惯例，所以被晋国名正言顺地伏击了一把，几乎全军覆没。晋文公懂礼，不干这种被动的事，正式跟卫国打招呼：借个道，我要去打曹国。

结果卫国被动了。卫国刚刚亲附楚国，按说跟曹国是同一战线。再说卫国也得罪过晋文公，自己也心虚：晋文公的老爹晋献公是"假途灭虢"的发明人，谁知道借路给他，他会不会再来个突然袭击？这路能借吗？不借。晋人这下得着理了："我们这么守礼，好好跟你们借路，你们竟然不借，等着瞧吧！要怪全怪你们自己。"

不借路没关系，黄河渡口不止一处。淇县南、延津县北这段黄河自西南向东北流，叫"南河"，上面有个渡口，叫棘津。已经东行到晋、卫边界的晋国军队，掉转头西南行，从南河上棘津过了河，再掉头东进。这回不但打曹国，连卫国一块儿打。

一切进展顺利，去年冬天得到宋国求援的消息，然后就商议、决策、整军出发，转年正月戊申（正月初九）便攻取了卫国五鹿。这个地方意义重大，这是当年重耳要过饭的地方。当年逃亡经过五鹿，饿极了只好向野人讨吃的。乡下人也过得很苦，哪有好气儿，塞给他一块土疙瘩。重耳又羞又愤，举鞭子就要打。大臣赶紧劝："淡定淡定！这是上天给的吉祥物啊！"封建贵族崇拜土地，土地是邦国的基本要素，有土才能建国当诸侯，"社稷"的"社"，就代表"土地"。重耳一听转怒为喜，把这块土随车带走，继续流亡。也许是重耳君臣想太多了，但在那种情况下也只好自我激励一下。现在打下五鹿，就是要应验当年的这个征兆。

到二月，中军元帅郤縠逝世。没有按照惯例让中军佐、上军将、上军佐、下军将、下军左依次晋级，而是直接提拔下军佐先轸（封邑在原，又叫原轸）为中军将，因为他的品德和才华都很卓越，在接下来的战争中可以看到他的表现。胥臣接替了先轸下军佐的位置。

齐昭公刚当上国君，正拿榖地的楚军和公子雍没办法呢，一见晋军东进，主动来卫国敛盂和晋侯结盟。卫侯也要求参加，想借这个机会赶紧和解算了。晋侯哪里肯：只许战，不许降——这是故意与卫国为难。晋国从外面一施压，卫国内部迅速分裂：国人想跟晋国和解，而卫成公主动提出的和解晋国又不接受；卫成公要联楚，国人又不答应——这个国君是明摆着不让卫成公当了。卫成公只好独个儿跑到边城襄牛去了。晋国没怎么动武就使卫国从内部崩溃了。

赶来救卫的楚军大概不太多也不太强，从下文看，宋国的围并没解，说明楚国只是派一支小队伍来卫国，这小股远道而来的军队当然不管用。

鲁国本来和楚、卫一伙，所以派了公子买帮卫国防守。现在看见卫国崩溃、楚军无功的情形，赶紧招回公子买杀掉，一面跟楚国讲“他没完成好戍卫的任务，竟然守到一半回国了，坚决严惩”；另一面其实是用实际行动向晋国讨好：我们跟卫国不是一伙的，帮助卫国不是鲁国的意思，私自帮助卫国的家伙已经被我们召回严惩。

从这时开始，亲楚的诸侯联盟，实际上已经在瓦解之中。

晋侯围曹，门焉，多死。曹人尸诸城上，晋侯患之。听舆人之谋，称“舍于墓”。师迁焉。曹人凶惧，为其所得者，棺而出之。因其凶也而攻之。三月丙午，入曹，数之以其不用僖负羁，而乘轩者三百人也，且曰献状。令无入僖负羁之宫，而免其族，报施也。魏犨、颠颉怒，曰：“劳之不图，报于何有？”爇僖负羁氏。魏犨伤于胸。公欲杀之，而爱其材。使问，且视之。病，将杀之。魏犨束胸见使者，曰：“以君之灵，不有宁也！”距跃三百，曲踊三百。乃舍之。杀颠颉以

徇于师，立舟之侨以为戎右。（同上）

解决掉卫国，再向东南方就是曹国。围住曹国国都，攻城门，牺牲了不少人。

曹国人搞心理战，把得到的晋军尸体摆在城上示众。守比攻容易，攻比守代价大，所以《孙子兵法》说“十则围之”，得有绝对优势，十倍于人，才能包围人家。现在城没攻下来，晋军牺牲还这么大，死难者在城头一摆，军心容易动摇，晋侯不能不着急。

晋国的士兵众人也出主意，咱们拿心理战对心理战。你摆尸体示众，我们宣布：大军转移，进驻曹国人的坟地！晋文公采纳了，军队后撤，做出要转移的态势。曹国人吓坏了，那时的人重视先人，军队进坟地，又搭帐篷又掘井，还垒灶，烧火做饭，没有比这更不吉利的了。一下子全曹国的人都慌了，敦促守城军队，赶紧把晋国人的尸体敛入棺材，还给人家。这样，曹国人的心理战也输了。抓住曹人气势低落的时机，晋军一鼓作气攻进了城。

晋文公进了曹国，就数落曹国政治腐败、机构臃肿：小小一个曹国，光坐高级轿车的领导干部就有三百多，而巨居然僖负羁这样的贤人不在其中。晋文公说：把你们的工作成绩报上来，我考核！晋文公最恨曹共公要偷窥自己这桩事，可是这事很难说出口，只好以反腐败为名义。

僖负羁当年是救晋文公免遭偷窥的大恩人，晋文公特意吩咐保护僖负羁一家。可是魏犨、颠颉不乐意了，两人都是当年跟着重耳要过饭的，回国后魏犨当了晋文公戎车的警卫员，颠颉当啥《左传》没说，可见当然是更小的官。他们说："有功劳的都不赏，来报答些个什么不相干的人！"两人放把火烧了僖负羁的家。

为了严肃纪律，晋文公就得严肃处理，而且严办旧臣会特别有震慑力。但是他有点儿舍不得魏犨的才能。于是派人前去探望：听说他受伤了，不知道伤得如何，要是没救了，就拿来治罪。魏犨猜透了晋文公的意图，把胸前的伤包扎得严严实实，在使者面前又是跳高，又是跳远："您看您看！托国君的福，我这不是好好的吗？"晋文公一听说这人还能用，就放过他，杀了颠颉示众。对魏犨的处罚，是撤了他的戎车警卫员职务，让虞国投奔来的舟之侨大夫接替。魏犨就是后来三家分晋的魏氏的祖先。

现在，对卫国、曹国作战也胜了，重耳的气也出了，军纪也整顿了，就差宋国的围还依然没解。

宋人使门尹般如晋师告急。公曰："宋人告急，舍之则绝，告楚不许。我欲战矣，齐、秦未可，若之何？"先轸曰："使宋舍我而赂齐、秦，藉之告楚。我执曹君，而分曹、卫之田以赐宋人。楚爱曹、卫，必不许也。喜赂怒顽，能无战乎？”公说，执曹伯，分曹、卫之田以畀宋人。（同上）

宋国人去年冬天就求救，到今年三月，晋国的援军还没到，于是派了一位门尹般来晋国告急。“门尹”前人猜测大概是管城门的，大概和楚国的“大阍”差不多。楚国有位著名的忠臣鬻拳就当过大阍，可能在宋国、楚国这职务是由德高望重影响力大的人来任的。宋国见前次求救晋人没及时来，这回情况紧急，特派这位名叫般的门尹前来接洽。

晋文公也知道宋国人等急了：“宋人来告急，若扔下不管，两国的友好关系从此就断了。可是跟楚国求情，楚国人又不答应撤兵。我不想兜圈子了，干脆打一仗得了。现在就差齐国、秦国没表态，这怎么办好？”

还是先轸足智多谋：“让宋国人别找咱们，让他们带上重重的礼物去求秦国、齐国，请这两国向楚国求情。两国看在东西的面子上也得到楚王面前替宋国说话。宋国送的厚礼谁给报销？咱们。咱们拿什么报？拿曹、卫两国的土地报——反正卫成公跑了，曹共公是咱的俘虏，这两国现在都掌握在咱们晋国手里。楚国见秦国、齐国得的好处是间接从它的盟国曹、卫那里来的，肯定不听这两国的话。到时候，秦国、齐国又想要宋国给的好处，又恨楚国不给面子，不跟楚国打才怪呢！”

就这样，晋国啥也没损失，宋国也没损失，却把原本可以中立的秦国、齐国都串在了一根利益链条上，使两国不得不站出来与楚国为敌。这扭转“国际”形势的第一推动力，就是丰厚的利益。这份利益从哪里来？从食物链最底端的卫国、曹国来。晋国这个法子，俗称“拿野猪还愿”。

楚子入居于申，使申叔去谷，使子玉去宋，曰：“无从晋师！晋侯在外十九年矣，而果得晋国。险阻艰难，备尝之矣；民之情伪，尽知之矣。天假之年，而除其害，天之所置，其可废乎？《军志》曰：‘允当则归。’又曰：‘知难而退。’又曰：‘有德不可敌。’此三志者，晋之谓矣。”（同上）

楚成王一见齐、秦都来要求自己撤兵，就知道糟了：楚国被动了。他自己赶紧撤退回申地，这是楚国的北部边境地区。同时派出使者，一路去穀地，招回负责威胁齐国的申叔，一路去通知负责围宋的子玉撤退：“千万别跟晋国军队起冲突！重耳行走江湖十九年，到底把晋国搞到手了。他什么苦没吃过？什么事没见过？这是个老油条了，咱们斗不过他！老天爷还让他活这么长，让他的对手都死干净了，这是上天要成全他呀，人力岂能干预？《军志》上都说了，要‘见好就收’，咱们围宋国也围得差不多了，该撤了；《军志》还说‘好汉不吃眼前亏’，现在形势有变，对咱不利，撤吧；《军志》又说了，‘政治正确，所向无敌’，齐国、秦国提的都是正当要求，人家晋国那外交真高哇，都占在理上，咱还是赶紧撤吧！”

《军志》是古代兵书，现在没有了，看来楚成王读得很熟。楚国人好自居蛮夷，但是对周室的发达文明和丰富典籍是非常爱好的，几位有作为的楚王都善于引经据典，这点可以参见宣公十二年邲之战时楚庄王的表现。

楚成王是个明白人，既不需要知道晋国人幕后的运作，也不需要知道宋国人跟齐、秦暗地的交易，只要一看齐国、秦国的表现，立即心中有数了。《左传》行文简练，楚成王的一系列反应，紧承上文晋国君臣的谋议，至于计谋实施的中间过程，则一概省略。《左传》的简练，可谓雷厉风行，没有一点多余，只有这样凝练的文字才足以体现晋人的多谋和迅捷、楚王的敏锐和老辣，啰里啰唆会削弱气势。

子玉使伯棼请战，曰："非敢必有功也，愿以间执谗慝之口。"王怒，少与之师，唯西广、东宫与若敖之六卒实从之。（同上）

子玉派斗椒（字伯棼）去跟楚王说，坚决要打这一仗："不敢说一定能大获全胜，但是想借这一仗堵堵小人的嘴巴，省得他们老进谗言。”

他怎么这么激动呢？这里有个前因。

在楚王发兵围宋的前夕，要整顿军队，进行战前动员，古人叫“治兵”，楚王让著名的政治家令尹子文先整顿了一次，子文只用了一个早晨，“终朝而毕”，一个士兵也没惩罚就结束了。

紧接着这位子玉又来，还是整顿，还是这些军队，结果用了一整天，十个人挨罚：七个挨鞭打，这是轻刑；三个人被用箭穿耳朵，这是重刑。

楚国大臣们见这个人这么能折腾，看来是个能人，纷纷来给令尹子文道贺，因为子玉是子文提拔起来的，让他接替自己当令尹。其实有政绩也不一定是好事。

子文就酬谢这些道贺的人，请他们吃酒。这个时候楚国有个年纪很轻的人叫蒍贾，他是楚国的贵族，芈姓，后来当到楚国的司马，他儿子将来比他还有名，就是著名的良相孙叔敖。蒍贾到子文这里来得很晚，也不道贺，子文就有点奇怪了，问他怎么回事。

蒍贾讲：“我不知道这有什么可道贺的。子玉当年有功劳，你把执政的位置传给他，说是他功劳太大，不给足够高的地位没法安抚他，说这是为了安定团结。你给他大官当，在国内用高官厚禄把他给安抚住了，可他处理不好“国际”关系，到外头去惹祸，让楚国跟着受损失，你说这哪轻哪重？子玉这个家伙，性子暴，又没规矩，他治不得百姓的。他带的队伍如果规模超过三百辆战车，那出了国恐怕就回不来了。你要让我道贺也行，等他活着回来我再道贺也不迟。”（参见《左传·僖公二十八年》）官不是越大越好。才能不够的人去管千军万马，责任太大，搞不好要犯大错误，身败名裂。蔿贾看看子玉的为人，判断他担不起令尹这副担子，说了这么一番难听的话。

子玉把这事记在心里了。现在楚王要退兵，他不想退，他特别想打个胜仗，给自己挣面子，把蔿贾的嘴堵住。从这事看，蔿贾的话也真没冤枉他：两个强国对峙，生死攸关的时候，还一心想着自己的面子，楚王看得清清楚楚的“国际”形势，他好像也没看出来，对上级的命令也拒不执行。

子玉在这个时候意气用事，拿军队冒险，跟同僚争闲气，于是乎楚王很生气，后果很严重，给他的军队有点少：只有“西广”“东宫”部队和若敖氏的“六卒”跟着他。楚王的直属部队分东、西二广，西广也就是楚王的直属部队的一半。东宫是太子的军队，几年以后太子商臣就是用这支队伍搞政变和杀死楚成王的。若敖氏是子玉出身的家族，若敖氏“六卒”是子玉家族的武装。“卒”是战斗编制，杨伯峻说六卒是一百八十辆战车。

以上不是子玉拥有的全部战斗力，真正作战的时候还有楚国申、息两县的军队，以及陈、蔡两个盟国的军队。当然，盟国的军队经常率先溃败，以往的经验证明是如此。

子玉使宛春告于晋师曰："请复卫侯而封曹，臣亦释宋之围。"子犯曰："子玉无礼哉！君取一，臣取二，不可失矣。"先轸曰："子与之！定人之谓礼，楚一言而定三国，我一言而亡之。我则无礼，何以战乎？不许楚言，是弃宋也；救而弃之，谓诸侯何？楚有三施，我有三怨，怨仇已多，将何以战？不如私许复曹、卫以携之，执宛春以怒楚，既战而后图之。"公说。乃拘宛春于卫，且私许复曹、卫，曹、卫告绝于楚。（同上）

子玉也不傻，就算想打，也是从和平交涉开始。大家手里都有筹码，晋国人能当正义之师，楚国人也会。子玉说："请晋侯您恢复卫侯的地位，重新划定曹国的国土，那样在下也会解除对宋国的包围。"这条件晋国人要是答应了，子玉的外交战就算胜利了：不动一刀一枪，双方各自撤兵，双方的友好国家都可以脱险。晋国要是不答应，那是拒绝和平倡议，楚国人就要堂堂正正地打你啦。

子犯（狐偃）一听，子玉这话有毛病，他说："子玉没规矩！你是楚国的臣，敢跟我们国君讨价还价，而且拿宋国一个国家换曹、卫两个国家，这是以臣欺君。得抓住这个错打他，绝不能放过！”春秋时的人对于等级秩序是很遵守的，虽然社会在逐步经历高岸为谷、深谷为陵的变迁，但人的观念变动总是滞后于现实。当时的大臣，见到外国国君，都是自称为“外臣”，意思是自己是对方身处国外的臣仆，这是无分国界，对本国和外国的国君，给予一体的尊重。甚至在战场上，敌对双方的君与臣遭遇，为臣的一方时常也主动行礼或回避。这样，子玉的无礼就给子犯抓着了把柄。

但先轸的想法与子犯有所不同：“国君您还是答应了吧，把曹、卫还给他。给人安宁才是守礼。楚国提一个建议，是让曹、卫、宋三国都得着安宁的打算，咱们要是一口回绝了，就让三国安宁的希望都落空了。这么着咱们自己就失礼了，还拿什么跟人家打仗？不答应楚人的条件，就等于把宋国丢给楚国人不管了。咱们宣称是来救宋国的，现在反而丢开宋国不管，在诸侯面前如何交代？楚国一个倡议令宋、曹、卫三国感恩，而咱们用拒绝换来三国的怨恨，受怨太多，没人拥护，靠什么打仗？”

先轸的道理是这样：子玉失礼是小节问题；晋国拒绝和平的建议，是大节上理亏。子玉有没有礼貌诸侯们不关心，宋、曹、卫的形势却是生死攸关，“国际”社会共同关注。这个关头，要考验楚国和晋国谁代表最广大诸侯的利益了。为了不理亏，必须答应子玉。

真要答应吗？这一路的胜仗白打了？好不容易控制了卫国、

曹国，都要放弃了吗？大老远来救宋国，最后和谈被楚国抢了先，本来要解救诸侯于水火，结果倒成了响应子玉的号召了？真要这样就吃亏了。

先轸接下来还有办法：“咱们不如悄悄与曹国、卫国和解，恢复曹国的疆土，召回卫国的国君，但条件是曹、卫得跟楚国人绝交；然后，咱们扣留那个带话来的楚国使者宛春，咱专门跟楚国人较劲，其他诸侯谁都不受牵连；至于其他的事，等打了之后再说吧。”（笔者窃以为，先轸最后这句“等打了之后再说”，大概意思是说，答应曹、卫的归还土地、恢复国君的事情，等打败了楚国之后也可以反悔，到时候该怎么收拾还怎么收拾。从后来事实看，晋文公也确实是这么做的。）

先轸这招很灵：曹、卫都是小国，攥在晋国手里，自身不保，一听说能够自保、不受牵连，赶紧答应了。于是，晋人表面上大大方方答应放过曹、卫，却扣住楚国的使节不放。另一面，曹国、卫国刚一恢复地位，立马公开宣布跟楚国绝交了。真是一点不给楚国人留面子，子玉不恼羞成怒才怪。

至此，子玉的外交斗争已告失败，接下来，要么灰溜溜撤军；不然就只有打一仗了。这结果也证明了楚成王的判断，晋文公真是老油条，斗不过就是斗不过。

子玉怒，从晋师。晋师退。军吏曰：“以君辟臣，辱也；

且楚师老矣，何故退？”子犯曰：“师直为壮，曲为老，岂在久乎？微楚之惠不及此，退三舍辟之，所以报也。背惠食言，以亢其仇，我曲楚直，其众素饱，不可谓老。我退而楚还，我将何求？若其不还，君退臣犯，曲在彼矣。”退三舍。楚众欲止，子玉不可。（同上）

拿曹、卫换宋国，本来是子玉给晋国君臣出的难题，现在被对方轻松化解，自己反落个被动。子玉恼了，尽管表面看晋国听从了他的建议，宋、曹、卫三国也都获得了解救，再跟晋国人打也已经有点理由不足了，但他还是下令追踪晋军，主要是吃了哑巴亏，忍不下这口气。

这时，子玉自己已经有些失控了。他的队伍，实力未必远弱于晋军，但是他本人却完全在愤怒的牵引下追踪对方，其实处于不适宜指挥作战的心理状态。而晋国的军队却有条不紊地转移了。就在这个你追我赶的过程中，双方的军队内部都发生了变化。

晋军这面，下层官兵都有点意见了：“咱们是国君带队，他们楚国是来了个大臣，咱们躲着他们，这是君逃避臣啊，真丢人啊；再说，楚国人从去年开始围宋国，现在又追着咱们跑，他们已经人困马乏、筋疲力尽，军队早就疲沓啦！咱们为什么还一直跑啊？”“师老”是军队力量耗竭、日久疲软。

看来，这个退却的过程，逐渐激发了晋国士兵的荣誉感，军队憋足了劲想打仗。子犯一面带头撤退一面做思想工作："你们这么想不对。对军队来说，理直才能气壮，理屈才会疲软，正义之师战无不胜，跟时间长短有啥关系？要没有楚国的恩情，晋国就没有今天，咱们退三舍地避开他们，这是回报恩惠。要是楚国人见好就收，也不追了，咱们避免了战争，也别无所求了。万一退了三舍地，他们还是步步紧逼，那时候再治他们以臣犯君之罪，咱们也有理不是？"

当年，公子重耳在流亡的路上，到过楚国。楚成王蛮重视重耳，用飨礼接待他，请他参加宴会。楚国人到底是蛮夷，性子挺直，帮助人后好问人家拿啥报答自己，楚王就问："不穀（楚王的自称）对您这么重视，您将来要是回晋国当了国君，打算拿啥报答不穀啊？"

公子重耳挺客气："楚国地大物博，男女奴隶啦，珠宝玉器啦，绫罗绸缎啦，哪有一样是楚国没有的？珍禽异兽，还有动物制品，象牙、皮革什么的，都是您这儿的土产，偶然被晋国得着点儿，那都是您玩儿剩下的。我都想不出来能拿什么报答您。"说来说去就是不报答，不轻易承诺什么。

可是，楚王不依不饶："就算像你说的，我们楚国什么都有，你总得表示表示吧？你到底拿啥报答我嘛？"

重耳被逼得没办法："这样吧，万一托您的福，我能回到晋国当上国君；万一的万一，咱两国搞军演，一不留神在中原遇上了，那我军主动撤退三舍。”“舍”是行军单位，三十里为一舍，相当于当时军队一日的标准行军里程。三舍九十里，差不多是两军之间最低限度的安全距离，各自前进一天还碰不着面呢，趁夜偷袭也来不及。重耳的意思：能不跟你打，我会尽量不跟你打。

但是，重耳的话还没说完：“但是，万一的万一的万一，您非打不可，那我也会驾着战车，左手拿弓，右手放箭，好好奉陪到底。”原则上不跟你打，但不承诺放弃使用武力。（参见《左传 · 僖公二十三年》）

楚国君臣听了，都叹为观止：这重耳太狡猾了，怎么跟他讲都占不着便宜。但是，即便如此，楚成王还是没有按大臣们的计谋杀掉重耳，而是送他去了秦国，这对重耳后来回国当上国君有关键性的作用，所以，子犯说“没有楚国的恩情，晋国就没有今天”，也不是夸张之辞。

子犯说的“退三舍辟（同避）之，所以报也”，就指这回事。“咱们要是忘了人家的恩惠，说出去的话又往回吞，还来保护楚国的仇敌（宋国），这样咱们没理，楚国理直气壮，人家军队斗志饱满，哪能叫‘老’啊。”子犯这话说得很有节制，在士兵中起到统一认识的作用，士兵里有的觉得自己这边有理，有的也知道国君受过楚国的恩，现在子犯一说就明白了：只要退了这三舍地，咱们就和楚国两不相欠了。“要是咱们退了，楚国也退了，咱们别无所求；三舍退完，子玉还来，那就是以臣犯君，咱们打他就完全正当。”

在晋军退避三舍的过程中，楚军内部也有了分歧，一直被对方牵着跑，从楚国远道而来的士兵们也累了，心里也动摇了：“要不别追了，收兵回国？”

子玉哪里肯？坚决不许。

这样，晋军的士气在凝聚，楚人的军心在动摇，仗虽然还没打，结局却有些呼之欲出了。

夏四月戊辰，晋侯、宋公、齐国归父、崔夭、秦小子慭次于城濮。（《左传·僖公二十八年》）

在两军的运动中，时间也一点点过去，到四月初一，晋国的盟友也陆续来了，宋成公、齐国的国归父和崔夭两位大夫以及秦国的公子慭都带着军队驻扎在城濮了。

楚师背酅而舍，晋侯患之。听舆人之诵曰：“原田每每，舍其旧而新是谋。”公疑焉。子犯曰：“战也！战而捷，必得诸侯。若其不捷，表里山河，必无害也。”公曰：“若楚惠何？”栾贞子曰：“汉阳诸姬，楚实尽之。思小惠而忘大耻，

不如战也。”晋侯梦与楚子搏，楚子伏己而盬其脑，是以惧。子犯曰：“吉。我得天，楚伏其罪，吾且柔之矣。”（同上）

战前，晋文公有点坐立不安，心里犹豫极了。

“酅”音 xié，指险阻的丘陵。楚国人背靠丘陵扎营，大概这样背后不容易遭袭，占了点地利，晋文公见了就有点担心。

晋军的士兵唱歌：“休耕地里草青青，丢下旧田作新功。”晋文公听了也很是起疑，不知道这歌透露的是什么消息。“原田”是休耕地，让它长满青草作为绿肥，防止长期耕作导致地力枯竭。看见休耕地长满青草，就想到该放下旧田，让它休耕，来耕种这块已长满青草的休耕地。这歌原本来自劳动者轮替耕作的生活经验，但编成歌就有了丰富的含意，令晋文公很困惑。去年隆冬整军出发，现在已经是四月了，难道是军队见冬去春来，一转眼春天又过去，想起回家种田了吗？后人猜，田地轮耕有新旧交替、弃旧图新的意思：你看晋国的军队像休耕地上的青草一样茂盛，赶快下决心，放下楚国的旧恩，建立新的功绩吧（见杜预注）。是不是这个意思呢？这也是难说的。大体上，这首歌里充满了生气，反映了晋国士兵们从容、乐观的面貌。

大概因为一生受苦太多，晋文公养成了极其谨慎的性格，跟子玉不管不顾的性子恰成对比。看见人家背山扎营也发愁，听见士兵唱小调也起疑，子犯就鼓励他："这仗得打呀！打胜了，诸侯就都服了；万一打不赢，晋国外有黄河、内有太行山天险（所谓"表里山河"），南方来的楚国人不能把咱们怎么样。"

晋文公听了，心里有点底儿了。但还是犹豫，虽然当初什么也没答应楚成王，耍个花招退避三舍就等于含含糊糊报了楚国的恩惠了，但是心里到底不安："人家楚国对我有恩，可怎么办啊？"

栾枝大义凛然："汉水以北那些小国，都是姬姓的本家，这些年都被楚国吞并干净了——咱们不能光想着楚国的小恩小惠，忘了同姓被灭的大辱，还是打吧！"

晋惠公夷吾是晋文公重耳的兄弟，这兄弟俩性格不一样。

夷吾没当国君的时候，求秦穆公扶持自己，许诺了不少城池、土地作回报。结果一旦回国，立即翻脸，找个借口说：国内的大夫们不同意啊，我做不了主。秦穆公也没什么办法，只好忍了。

没过多久，晋国大饥荒，晋惠公又向秦国求救。秦国人运粮给晋国，船只浩浩荡荡，从秦都雍一直排到晋都绛。第二年，秦国闹饥荒，结果晋惠公借机搞封锁。等秦国度过了饥荒，两国便在韩原大战一场，最后晋惠公被俘。

大概是为了衬托重耳的良好形象，晋惠公在《左传》作者的笔下，恩将仇报，不讲道理，治国全凭流氓手段，是个很卑劣的人。

重耳跟夷吾不一样，仗马上要开打了，他还在发愁：拿楚国昔日的恩情怎么办呢？——晋文公是讲道理的。

但是道理有大小，大道理管着小道理。听栾枝讲了一通“民族大义”，晋文公终于放下包袱轻装上阵了，楚国的旧恩也搁一旁了，于是很讲道理地打楚国人去了。

夷吾和重耳，一个不讲道理，一个讲道理，一个打秦国，一个打楚国。不过，在军事行动中，打消道义方面的负担倒也真是有利于发挥战斗力的。

思前想后，什么都想好了，临开战，晋文公又做了个超恐怖的梦：他梦见自己跟楚成王一对一肉搏，结果自己被压在地上，被楚王吸食脑浆！这梦说明了什么？子犯说：“吉！”

“您被压倒在地，脸朝天，楚王压着您，脸朝下。这说明咱们得上天的支持，楚王是趴着向咱们磕头谢罪呢。而且，牙硬，脑子软，他拿牙碰您的脑子，说明您要以柔克刚，以智谋胜强暴。”子犯很可能是急中生智，现在箭在弦上，犹豫不得，只能鼓励国君。但是他的创造性解梦，使重耳这一梦成了后来“占梦学”中“反梦”的经典案例。

子玉使斗勃请战，曰：“请与君之士戏，君冯轼而观之，得臣与寓目焉。”晋侯使栾枝对曰：“寡君闻命矣。楚君之惠，未之敢忘，是以在此。为大夫退，其敢当君乎？既不获命矣，敢烦大夫，谓二三子：‘戒尔车乘，敬尔君事，诘朝将见。’”（同上）

两军终于正式面对面，子玉派斗勃来宣战：“我军想和国君您的队伍开展竞赛，比摔跤，您稳坐车中靠着扶手观看就行，得臣我也跟着欣赏。”“得臣”是子玉之名，表示是子玉称呼自己，斗勃来传话，这些话都是用子玉的口吻说的。“戏”是角力比赛，是战争的委婉说法。说得文绉绉，看起来挺客气，背后是血淋淋的厮杀，这是古人宣战的习惯，打也要打出风度，打出涵养。

栾枝替晋文公答话：“我们国君接受您的命令啦。”同意打。下面还有三句话：楚王的恩惠我们不敢忘，所以今天我们才会出现在三舍以外的此地（现在我们可不欠你们什么了）；对大夫您我们尚且退避，哪敢对抗楚王呢（我们都以君避臣了，现在是你没道理）；既然不获您的停战许可，那么麻烦转告您那边的诸位大夫：“准备好战车，认真对待你们国君给的任务，咱们明天早晨见。”栾枝也很客气，客气的同时不忘把晋国占理的地方一一点明。

晋车七百乘，韅靷鞅靽。晋侯登有莘之虚以观师，曰：“少长有礼，其可用也。”遂伐其木，以益其兵。（同上）

韅、靷（此为“靳”字之误）、鞅、靽四样东西都是车马部件，分别用在马的腋下、胸前、颈后和后腿的皮带或皮甲。罗列这四种小零件，就好像给大场面穿插了四个特写镜头，是揭示晋国投入战斗的七百辆战车的状况：装备齐全，一样不缺。这个细节使晋军的严整模样分外鲜明。

晋文公登上古莘国的遗址，那是一块高地，从那里放眼一望，自己的军队尽收眼底：长幼有序，纪律很好。晋文公放心多了：这样的军队大概可用，于是下令砍有莘之墟的树木，来补充武器——春秋时以车战为主，双方都乘战车，得从这车上能打到那车上的人或从车上打到车下的人才行，所以长兵器大量需要。戈、矛、殳之类兵器都需要木质长柄，这种柄古代也叫“柲”（bì），往往有一人半到两人那么长，甚至更长一点。

己巳，晋师陈于莘北，胥臣以下军之佐当陈、蔡。子玉以若敖之六卒将中军，曰：“今日必无晋矣。”子西将左，子上将右。胥臣蒙马以虎皮，先犯陈、蔡。陈、蔡奔，楚右师溃。狐毛设二旆而退之。栾枝使舆曳柴而伪遁，楚师驰之。原轸、

郤溱以中军公族横击之。狐毛、狐偃以上军夹攻子西，楚左师溃。楚师败绩。子玉收其卒而止，故不败。（同上）

第二天（四月初二），晋军在莘北摆开阵势。晋国三军，照常规应该是中军将、佐在中间，上军将、佐在右翼，下军将、佐在左翼。古代中原各国尚右，所以除主帅中军居中外，地位偏高的上军在右。但为了对付楚国人，晋国的三军可能进行了一定的统筹，虽然是在大平地上列队冲锋，但还是煞费苦心地布置了个包围圈。

晋军包围圈的做法后文再说，先说说楚军。子玉是主将，带着若敖氏的六卒居中，子西在左翼，子上就是昨天来约战的斗勃，在右翼。楚国跟中原各国传统不一样，尚左，所以，楚军是左翼地位偏高，实力也略强于右翼。

楚军和晋军面对面，所以楚军的左翼正对着晋军的右翼，右翼正对着晋军的左翼。所以，实力最弱的右翼，子上的部队，正对着晋军左翼的下军。子上的部队弱，因为它主要是陈、蔡联军。以往的经验证明，这种队伍互相缺乏配合，最容易溃败，这次他们也成了晋军的突破口。

晋军下军对着楚军最弱的右翼，这就可以抽出一部分力量增援别处，所以只留下下军佐胥臣在这里顶住，下军将栾枝则带着下军的一部分去增援上军。胥臣把自己这部分队伍的战马蒙上虎皮，色彩斑斓，威风得很，他这一侧以少对多，要以勇猛、精悍迅速取胜。一开战，胥臣就向陈、蔡联军发起猛攻，于是楚军的右翼率先溃退了。

这时楚军的左翼（子西率领）好像形势尚好：晋国上军的大旗在后退，战场上烟尘四起也看不太清，楚国的左翼就乘胜推进，追击他们。其实，这正中了晋军的诡计。晋军的上军将狐毛派出两个先锋小队（称为“旆”，前军也）载着上军的标志向后退去，令人误以为晋国上军已经败了。下军将栾枝在车后绑上树枝，扬起尘土，帮着造成上军大规模败退的假象，同时也遮蔽了军队的真正动向。于是，子西的左军就上去追他们，不知道这阵尘土背后，晋人真正的上军在神不知鬼不觉地运动，布置圈套。

当楚军左翼前进一段距离，楚军中军已经被它抛在身后，它便成了孤军深入的态势：它的右侧是晋人的中军，正面是刚刚追赶着的下军栾枝的疑兵，另一侧是在这过程中隐蔽行踪、悄然运动的上军狐毛、狐偃的队伍。战场上的态势瞬息万变，刚刚还好像是列队冲锋，靠着勇气和蛮力拼命，一转眼变成了晋人集中优势兵力的歼灭战。

据《左传》描写，这段战争的情势很是复杂，如今难以彻底复原，历来不同的解释较多，这里采用了较为合理易懂的一种。（参见李宗侗《春秋左传今注今译》）下面用粗略的图像模拟一下，以便看得分明：

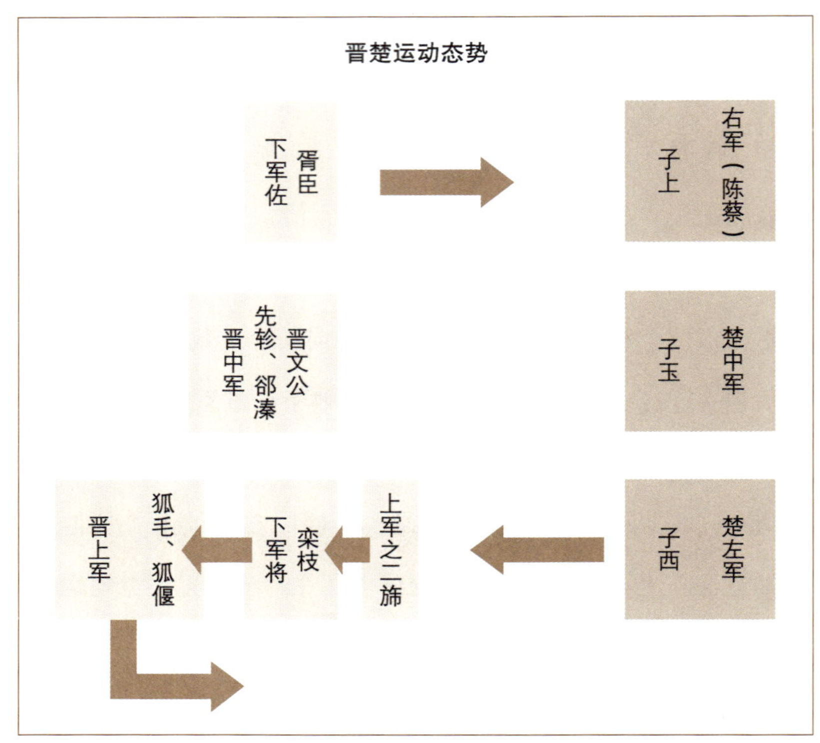

（图一）

经过战场上的积极运动，晋楚二军已变为了图二所示的情形，从阵前的这场运动配合，可以看出晋国的军队是训练有素、经验丰富的。中军的先轸、郤溱抽出中军里的一支劲旅（“中军公族”应当是由公族子弟组成的一支军团）冲击楚左军的侧面，狐毛、狐偃的上军也突然杀出夹击他们。子西的军队溃败了，而且由此决定了楚军的全面战败。

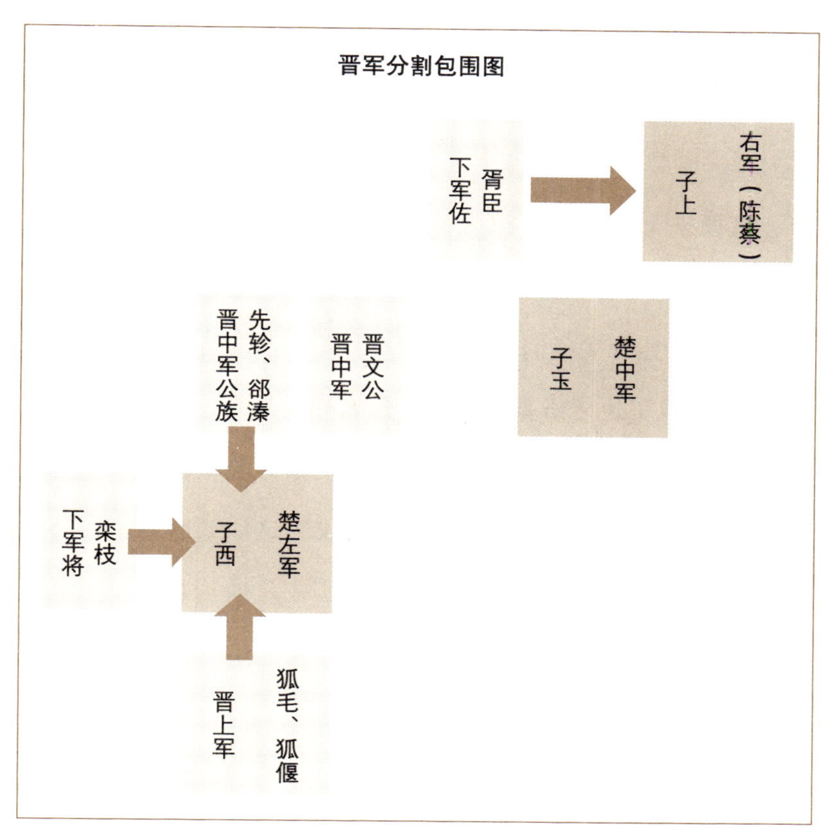

（图二）

这时，楚军右翼的陈、蔡已先溃退，子玉的中军大约尚未接战，一看左、右二军的情形，就知道已无胜利的机会了，只好收兵退走。这样，子玉中军的六卒，基本上得以保全，楚军的实力并没有被彻底地粉碎。

但是，有两项恶劣的结果不可避免了：一是晋文公已在诸侯面前占了绝对的上风，楚人丢掉称霸的资格，已经无可挽回；二是子玉保全六卒，本来是溃败局面下保存实力的必要措施，但是刚巧这六卒是他本家若敖氏的队伍，而逃掉的右军即陈、蔡联军且不去管它，真正损失惨重的左军却是楚国的重要兵力——申县和息县地方上来的子弟兵（那时楚国的县大得很，申、息原来都是国家，被灭掉就成了楚国的县）。这使子玉遭到很严重的责问，楚成王派人来说："大夫你如果回国来，怎么向申、息两县的父老们交代？"（"大夫若入，其若申、息之老何？"）楚成王也未必真想把子玉怎么样，只是一想起这次惨败的前前后后，真是气不打一处来，无论如何憋不住，要趁子玉难受的时候说句解恨的话，不过，他说完这话又后悔了，马上又派人阻止子玉自杀。然而子玉此时实在是痛苦窘迫，一听这话就自杀了。他成了"无颜见江东父老"的第一人，刚好后来向他学习的项羽也是个楚人。

晋师三日馆、谷，及癸酉而还。甲午，至于衡雍，作王宫于践土。（同上）

晋文公战战兢兢到现在，终于可以长长出一口气了。于是军队扎营三日，这三天就吃缴获的楚军的军粮。那时候交通条件差，军队补给能力也很有限，缴获楚军粮秣大约也不好带走，所以就地休息三天，把它吃了，也正好休整军队。

仗打胜了，晋文公并不急着回国，而是充分利用这次胜利的影响，扩大战果。他向西去，到接近王城的践土，给周襄王修造了一座临时接见场所。（历代认为，所谓“王宫”实际是一临时建筑）周襄王亲自过来，接受晋文公隆重的“献捷”，这是诸侯有了对四夷的战功，回来向周天子汇报工作，奉献战利品，同时接受嘉奖的仪式。晋文公当然是冲着嘉奖来的。他奉献上四马披甲的战车百辆，俘虏来的步兵千人，换来的嘉奖不是别的，正是天子“策命晋侯为侯伯”——正式颁发“称霸许可证”。“策命”就是以书面方式任命，写在“策”上；“侯伯（读 bà）”就是“侯霸”，“诸侯之长”的意思。兄弟中的老大叫“伯”，于是乎从此晋国正式成了各诸侯国的“老大哥”了。

晋侯拿着证书，立马召集诸侯，在践土结盟，成了继齐桓公之后实至名归的又一位霸主。

孔子说晋文公跟齐桓公不一样，齐桓公正而不谲，晋文公谲而不正。“谲”就是欺诈、好耍手段，意思是齐桓公没有晋文公鬼大。晋文公城濮的胜利，与宋襄公的泓之败恰成对比，克劳塞维茨说“战争无非是政治通过另一种手段的延续”，在晋文公这儿，政治、外交又都是战场上的武器。晋文公代表的是春秋时代军事文化的发展方向——“兵以诈立”。

当然，晋文公不光“谲”在打仗上。按说霸主的义务首在尊王，即孝敬周天子。可是，就在接受天子策命成为侯霸的这年冬天，晋文公说：“天子你来一趟，我好孝敬你。”于是，《春秋》在这年记下“天王狩于河阳”一句。看过《左传》，才明白原来这是晋文公召集诸侯开会，但是担心自己威信不够，于是要假借率领诸侯朝见天子的名义，把天子叫出国都来配合自己，这就是所谓“挟天子以令诸侯”。孔子说晋文公此举“以臣召君，不可以训”。作臣的把主君呼来唤去，这可学不得。**不过，这也代表了春秋“国际”政治格局发展的新方向——霸主越来越重要，天子渐渐成为摆设甚至道具。**

第七讲

何谓『知命』——邾文公迁都于绎

没有谁能对“命”保持漠不关心。自古以来，哲人、学者、诗人、方术士、医学家、宗教家、科学家以各自的方式对它进行叩问，从学术讨论到修行实践，从吃药炼丹到通灵降神，从对活人的教育到对死者的安葬……凡此种种，对“命”的关切几乎穷尽任何时代最优秀的物质和精神条件。可是直到今天，尽管生命科学已经深入探索到量子和“命究竟为何物”的问题，却依旧没有标准答案。人人对“命”有自己的理解，理解程度也不同，无法通过教育或强制使之整齐划一，也远非“生命是蛋白体的存在方式”（恩格斯）这么简单一句话就能概括。人对“命”的理解归根结底是对自己生命内涵的理解，因此也就各如其面，有很多不同之处。可是孔子曾明白指出：“不知命，无以为君子也。”(《论语·尧曰》)是说如果对“命”没有点独到见解，你就不配当领导干部。这是什么道理？既然无法整齐划一，那么，对“命”的认识难道不是个人的私事吗？

邾文公卜迁于绎。史曰：“利于民而不利于君。”邾子曰：

“苟利于民，孤之利也。天生民而树之君，以利之也。民既利矣，孤必与焉。”左右曰：“命可长也，君何弗为？”邾子曰：“命在养民。死之短长，时也。民苟利矣，迁也，吉莫如之！”

遂迁于绎。五月，邾文公卒。君子曰：“知命。”（《左传·文公十三年》）

邾文公卜迁于绎。

此事发生在鲁文公十三年，公元前614年。邾国又称“邾娄”，是颛顼后裔的国家，曹姓。战国时称为邹国，因为“邹”与“邾”“邾娄”读音近似，故二字通假。它位于曲阜东南一带，是鲁国的近邻，所谓“鲁击柝闻于邾”（《左传·哀公七年》），因此便常常发生边境冲突，《左传》对此屡有记载。在春秋霸主时代，“国际”秩序日趋紊乱，邾国作为周的异姓小国也常卷入鲁齐、鲁晋等国与国之间的矛盾，在斗争中努力寻求生存的空间。此次迁都于绎，便是为了改善国家的处境，绎山地势较高，便于防守。

“邾文公卜迁于绎”就是卜问迁都于绎是否吉利。迁都是大事，在当时是要虔诚地占问吉凶的。对战争、祭祀同样要占卜——“国之大事，在祀与戎”，这是春秋时期最常发生的两桩国家大事。

《左传》中用“卜”字，不是泛指各种占卜，而是专指“龟卜”，而“筮”专指用蓍草运算起卦，即用易占卜（《左传》中的易占，有时是用周易，有时是用古易）。遇到大事，往往龟卜和筮占并用，或先卜后筮，或先筮后卜。龟卜的方法，一般是在龟腹甲的一面钻孔，然后在火上灼烧，根据另一面出现的裂纹判断吉凶——这些裂纹便是“兆”（今天用的“兆”，在《说文》中的字形作“𠧞”，是个形声字，“兆”表音，“卜”表意，“卜”本是象形字，刻画了龟甲、兽骨上经过灼烧而兆纹坼裂纵横的样子）。

龟卜时把要卜问之事提问给龟，叫作“命龟”，《左传》中又称为“令龟”。占卜时，命龟的工作须有人专门负责——把问题提正确、提准确是需要修辞和逻辑方面的素养的，也需要对所卜问之事有入情入理的理解，问题提不对就得不到想要的答复。《左传》里记载了一次楚国司马子鱼不满意“凶”的占卜结果，于是重新令龟，改换了提问之事的条件：“如果我带上敢死队冲锋陷阵，打这一仗吉吗？”占卜得“吉”。后来，果然打了胜仗，司马子鱼为此而牺牲了。邾文公“卜迁于绎”，就是问龟：“迁于绎吉吗？不吉吗？”让龟作肯定或否定的回答，这相对比较容易。万一不会提问，问“应该迁到哪里才吉利”，龟恐怕就很难答上来了，迁都也迁不成了。

史曰："利于民而不利于君。"

"（迁都于绎）对民有利，对国君您不吉利。"这是史官在向国君解释占卜的结果。卜兆只是些裂纹，非经专家的解释，一般人是看不出含义的。

史是史官，来源极其古老，可以追溯到先民的祭祀和占卜活动。在这些活动中负责记录诸神降临次序、保管卜问内容及结果的人后来就成为最早掌握文字的宗教贵族，也是最古老的知识阶层，这些人就是史官的前身。史官的另一项本职，是占察天象，确定四时，制定和修订历法，具体讲主要就是适时地"置闰"（设置闰月），以调节回归年和朔望月（即阳历的年和阴历的月）之间的周期矛盾，使四季不至于错乱——这项工作渊源之久远，不亚于祭祀和占卜，它对农业文明的发生和发展至关重要。如此说来，史属于兼通科学与宗教的高级知识阶层。

凡涉国家大事皆须占卜，为此，凡是国家大事史官皆有与知与闻的机会，久而久之，这些世袭的知识者头脑中积累起无数前言往行和历史教训，不仅有观象和事神的知识，而且有许多人世的智慧。到《左传》所记载的时代，史官便不只是天文学家和神职人员，而是日益成为政治的观察家、预测家和天子及诸侯们的顾问、智囊了。周王室的内史叔服、内史过，鲁国的太史克都是这类人物。

邾子曰："苟利于民，孤之利也。天生民而树之君，以利之也。民既利矣，孤必与焉。"

"邾子"是他的爵号，"邾文公"是其谥号。邾文公于鲁庄公二十九年（公元前665年）即位，到这年已是在位的第五十二年。即使十岁即位，现在他也已经是六十多岁的人了，这在当时已经接近于"高寿"，难怪龟壳说迁都对他不利——以当时的物质条件，迁都的辛苦老国君的身体怕是吃不消的。可是在邾文公看来，他自己的利益和民的利益并不矛盾，君的利益就包含在民的利益之中："若对民有利，这就是我的利益了。上天生育人民而为他们树立君主，就是为了他们的利益。对民既然有利，我这当国君的必然也跟着有份儿。"所以，他还是决定迁都，没有什么好犹豫的。

左右曰："命可长也，君何弗为？"邾子曰："命在养民。死之短长，时也。民苟利矣，迁也，吉莫如之！"

遂迁于绎。五月，邾文公卒。君子曰："知命。"

左右近臣都说："生命明明可以延长的，国君为什么偏不那样做？""左右"指国君身边近臣，比如服侍他的小臣，也可指朝中的卿大夫们。在秘书、警卫员、勤务员这类人眼里，领导的利益从来都是优先的。在他们想来，当然是领导活得越长越好，活着的时候越舒适越好，所以他们都着急：国君年纪都这么大了，怎么不注意自己的安全呢——"命可长也，君何弗为"？

可是国君讲："什么是我的命？我身为国君，'为人民服务'就是我的命呀。既然迁都对老百姓有利，那么迁都就符合我的命呀！至于活得是长还是短、死得早或死得晚，那只是时间问题，是时运，跟我的命没有关系。如果利于民，那就迁吧！没有比这更吉利的了。"

大臣们听了，也都没话可说了。于是迁都到绎。到五月，邾文公便逝世了。

似乎老国君轻易地偷换了"命"的概念，把寿命理解成了使命，用他的机智说服了群臣。仅从字面来看的确是这样的："左右所言之命为寿命之义，邾文公所言之命为命分之义，两义似不同……"（杨伯峻《春秋左传注》）可是，君子说他"知命"，这又是指的哪一个"命"呢？是群臣说的寿命，还是国君说的命分，抑或是我们常常说到却并不知其所以然的"天命"？

其实，寿命、命运、天命、使命，这么些"命"，不妨就是同一个"命"，无非是在命上加一个字，从而把原本浑然不可分的一条“命”析为能被我们理解的若干方面。或许，在古人的世界中，在群臣的耳朵里，国君同他们谈的恰恰不是不相干的两回事，而正是同一回事，正是同一个“生命”。在这看似灵巧的概念游戏背后，也许正是暮年的邾文公对“命”独特而宽广的理解。

“命”的最初含义，与上天赋予的爵位、使命密切相关，《尚书·召诰》里讲“王其德之用，祈天永命”，《周颂·敬之》中说“敬之敬之。天维显思，命不易哉”，这都是指上天授予的统治地位。这“命”要靠道德和虔敬来维护，要勤勤恳恳、夙夜匪懈，才能保证子子孙孙世代传承、享有这“命”。所以汤、武兴起，破旧立新，都叫“革命”——变革天命。在西周铜器铭文中，此类用法是多见的。那时，说到狭义的肉体生命的长短，往往是用“寿”字。

“命”渐渐有了年寿和个人生命的含义，据前人研究最早是在西周中期以后。到邾文公这个时代，“命”已经是混合了个人生命、寿命、天命以及使命多重含义的复杂词汇。而邾文公与群臣的差别，恰恰在对“命”的多重含义的取舍上：一说到命，群臣直接想到的是能用时间和舒适程度来衡量的个人的物质生命；而邾文公却说“命在养民”——上天授予一个人统治权，就是让他养育、保护被统治的人。邾文公这种理解符合“命”的原始含义，无怪乎群臣立即被说服，而并不觉得国君是在强词夺理。

邾文公一生在位五十多年，先后目睹了齐桓、晋文两位霸主的崛起和功业，参与过诸侯间的盟会和征伐，在与强邻鲁国的对抗中顽强生存，甚至在宋襄公企图联合东夷称霸诸侯时，他（也许是偶然地）参与制造了一次"逆历史潮流而动"的著名丑闻：鲁僖公十九年夏六月，"鄫子会盟于邾。己酉，邾人执鄫子，用之。"（《春秋·僖公十九年》）——他奉宋襄公之命捉住前来会晤的鄫国国君，并杀害了他用于祭祀，以此讨好东夷各国的神灵……（这在当时即被视为野蛮、残暴、倒退的行为。参见《左传·僖公十九年》）

在充分领略了小国生存的艰辛和政治生活的风险之后，暮年的邾文公对生命含义的理解已经不同于群臣。对他而言，身为国君所拥有的生命，不仅仅是肉体生命的延续，"养民"才是其不可忽略的题中应有之义。面对"利于民不利于君"的预言，在国家命运和个人命运的分歧点上，邾文公的回答很简单："民苟利矣，迁也，吉莫如之"。非如此的朴实、平淡，不足以展现出这位老国君作决定时的欣然、达观和不假思索的坚决。

君子所谓"知命"，不是把愚智、凡圣等千差万别的生命统一归零和抽象成"蛋白体的维持、延续"之类的定义，而是指作为一个具体的人，要对自己的具体生命中那些无法抽离的要素有充分的理解，比如天性、禀赋，比如特定的阶层、出身以及与之相应的责任和义务，比如自己身处的时代以及个人的特殊遭遇与时代的关系……只有了解了这些东西，一个人才能理解自己行动和追求的限度，并对人生中某些不可抗拒的缺憾采取一种相对平和、正确的态度。也只有如此，才能够算作“知命”，从而在一些矛盾的关头知道何去何从。古希腊哲人从反面陈述了类似的道理——“未经审视的人生是不值得过的”。（苏格拉底）

“命”是一个人各种利益的载体和根本，人对自己生命的关切，归根结底是对自己最大利益的重视。因此，对生命内涵理解过于狭隘的人，难免会临财苟得、临难苟免，牺牲职责来满足个人生命的片面需要，不惜一切追求感官的享受和肉体生命的延续……这样的人，也就不适合成为国家的领导人和管理者，总结成一句话，便是“不知命，无以为君子也”。顺便说一下，这话出自整部《论语》最后一章的最后一条。

第八讲

君子『维权』——羊斟与狼瞫

“君子”是政治生活的骨干，《春秋》是君子的教科书。

跟小人相比，君子享有很多特权，比如说至少在吃肉上就比较宽裕，所以才被叫作“肉食者”。

君子的特权，跟荣誉密切相关。遭遇侵权，通常等于尊严受损，所以春秋时候能因为一口吃的引起武斗。

公元前605年的某日，郑国两位高官——公子宋和公子归生上朝见君。两人见面打了招呼，公子宋举起食指给公子归生看，这个指头正抽筋呢，一跳一跳的：“您瞧见没有？平时我每回这样，都能尝到珍馐美味。”

两人边聊边走，进了宫廷一看，宰夫正忙着肢解一只大鼋，准备召集宴会。原来，因为跟晋国争霸，楚国人就来拉拢郑国，特地献来这只大鼋。这种鳖科动物，能长到一米多长，一百多斤重，珍贵而美味。公子宋和公子归生于是相顾而笑。

这一笑，被国君郑灵公从远处看见了：“你俩笑得这么心领神会，这是笑什么呢？”

公子归生就把刚才公子宋食指大动的事汇报了。

郑灵公心想：让不让你吃，还不是我一句话，跟你指头动不动有啥关系？他刚当上国君几个月，这是故意要跟大臣较劲。

等宴会的时候，其他大夫都有鼋肉吃，故意不给公子宋。不仅不给，还特地把他叫来，让他看着别人吃。

公子宋非常难堪，一怒之下，“染指于鼎，尝之而出”。不让我尝，我偏要尝，当着所有大夫的面，指头在鼎里蘸蘸，舔舔，转身就走。向郑灵公示威。

众目睽睽之下，郑灵公也怒了：“我要杀了你！”

于是矛盾升级。

公子宋找到公子归生：“咱们先下手为强！”

这年夏天，刚即位不到半年的郑灵公被杀了。（参见《左传·宣公四年》）

对君子来说，争吃的事极小，但丢面子事极大，此事的性质跟孙悟空大闹蟠桃会比较相似。所以，传说中的“二桃杀三士”也是有其时代土壤和心理基础的。

不过，君子以极端手段给自己维权，《左传》并不赞成。比如以下这件事：

二年春，郑公子归生受命于楚伐宋，宋华元、乐吕御之。二月壬子，战于大棘。宋师败绩。囚华元，获乐吕，及甲车四百六十乘，俘二百五十人，馘百。

……

将战，华元杀羊食士，其御羊斟不与。及战，曰："畴昔之羊，子为政；今日之事，我为政。"与入郑师，故败。君子谓："羊斟非人也，以其私憾，败国殄民，于是刑孰大焉？《诗》所谓'人之无良'者，其羊斟之谓乎！残民以逞。"（《左传·宣公二年》）

二年春，郑公子归生受命于楚伐宋，宋华元、乐吕御之。

公子归生是郑卿，就是前面说到的卷入公子宋与郑灵公之间矛盾的那位。他带兵伐宋，在鲁宣公二年（公元前607年），就是他和公子宋谋杀郑灵公之前两年，这时候郑国还是穆公在位。

鲁宣公在位的十八年（公元前608——前591年），以及其后的若干年，都是晋、楚对峙争霸的时期。郑国是晋、楚争夺的一大焦点。

公元前608年，郑国叛离晋国同盟，与楚国结好。第二年便出兵攻打宋国，伐宋是"受命于楚"，是根据楚国的命令。宋国自城濮之战（公元前632年）以来就是晋国的忠实追随者。

华元、乐吕都是宋卿，华元是右师，乐吕是司寇。他两人带兵抵抗。

二月壬子，战于大棘。宋师败绩。囚华元，获乐吕，及甲车四百六十乘，俘二百五十人，馘百。

二月壬子，在大棘交战，大棘在宋国境内。

华元、乐吕惨败，一个被活捉，一个战死，尸骨也被敌方获得。“囚”“获”单独用皆有“俘获”之意。但因为“获”亦有“死获”之义，故当“囚”“获”两字同时出现时，则意义有别，各有侧重，“囚”为活捉，“获”为获得其尸首。郑军生擒了华元，获得了乐吕的尸首。

另外，郑军还缴获战车四百六十辆，俘虏二百五十人，杀敌百人（割取所杀敌人左耳一百）。“馘”音 guó，指古代战争中割取所杀敌人左耳用于计数献功，“取”字的甲骨文（）也是以手取耳之形象，从中亦可看出古代的这种习俗。

华元四年前（文公十六年）就是宋国的右师，位在宋六卿之首，相当于首相，此战单是华元被俘就堪称大败。

隐公元年（前 722 年）距此一百一十多年，郑庄公发动一场内战用车二百乘；僖公二十八年（前 632 年）距此二十五年，晋楚城濮大战，晋国总共投入战车七百乘，可见，此次郑国缴获四百六十乘也是一项大胜利。

将战，华元杀羊食士，其御羊斟不与。

宋师惨败跟主将华元福利待遇分配不均大有关系。

战前，华元杀羊犒劳将士，这是战前动员，本来是好事。但是分配不公平，漏掉了他的军车驾驶员——御者羊斟没吃着。

战争生死攸关，主将的御者是重要角色，影响到全军的旗鼓、主将的安危，偏偏把他漏掉了。一口吃的不算什么，但这个人觉得自己被忽视了，忒没尊严，就把这份怒气带上了战场。

华元对此还浑然不觉，就稀里糊涂陷入了险境。

及战，曰："畴昔之羊，子为政；今日之事，我为政。"与入郑师，故败。

等仗一开打，羊斟说："往日吃羊，你做主；今天打仗，我做主。"说罢驱车冲入郑军。主帅的戎车载有旗鼓，是全军耳目所聚之处，指挥全军的进退，它一乱跑，全军都乱了，所以大败。

这次战败，华元自己有责任，分配不公影响到内部团结。华元此时为卿不久，栽在羊斟手里，对他是一次重大教训，后面还有近四十年的政治生涯等着他，他的后半生还是非常丰富精彩的。

抛开华元不谈，羊斟的遭遇和行为值得注意。羊斟能给主帅御车，说明是地位不低的贵族，从身份上讲，是君子；论心胸，却够不上君子，因为时刻忘不了个人恩怨。

“宁得罪君子，不得罪小人”是中国老百姓的一条重要生活经验，因为君子不耍阴谋手段，不公报私仇，不在关键时刻使绊子。小人心里没别的，就装着那点儿私人恩怨，一旦逮着机会就往死里报复你，《水浒传》里高俅对付王进，最是活灵活现的写照：

> 且说高俅得做了殿帅府太尉，选拣吉日良辰，去殿帅府里到任，所有一应合属公吏衙将，都军监军，马步人等，尽来参拜，各呈手本，开报花名。高殿帅一一点过，于内只欠一名八十万禁军教头王进，半月之前，已有病状在官，患病未痊，不曾入衙门管事。高殿帅大怒，喝道：“胡说！既有手本呈来，却不是那厮抗拒官府，搪塞下官！此人即系推病在家，快与我拿来。”随即差人到王进家来，捉拿王进。
>
> 且说这王进却无妻子，只有一个老母，年已六旬之上。牌头与教头王进说道：“如今高殿帅新来上任，点你不着，军正司禀说染患在家，现有病患状在官。高殿帅焦躁，那里肯信？定要拿你，只道是教头诈病在家，教头只得去走一遭。若还不去，定连累小人了。”
>
> 王进听罢，只得挂着病来。进得殿帅府前，参见太尉，

拜了四拜，躬身唱个喏，起来立在一边。高俅道："你那厮便是都军教头王升的儿子？"王进禀道："小人便是。"高俅喝道："这厮，你爷是街市上使花棒卖药的，你省的甚么武艺？前官没眼，参你做个教头，如何敢小觑我，不伏俺点视！你托谁的势，要推病在家，安闲快乐！"王进告道："小人怎敢，其实患病未痊。"高太尉骂道："贼配军，你既害病，如何来得？"王进又告道："太尉呼唤，安敢不来！"高殿帅大怒，喝令左右："拿下！加力与我打这厮！"众多牙将都是和王进好的，只得与军正司同告道："今日太尉上任，好日头，权免此人这一次。"高太尉喝道："你这贼配军，且看众将之面，饶恕你今日，明日却和你理会。"王进谢罪罢，起来抬头看了，认得是高俅。出得衙门，叹口气道："俺的性命，今番难保了。俺道是甚么高殿帅，却原来正是东京帮闲的'圆社'高二。比先时曾学使棒，被我父亲一棒打翻，三四个月将息不起，有此之仇。他今日发迹，得做殿帅府太尉，正待要报仇，我不想正属他管。自古道：'不怕官，只怕管。'俺如何与他争得？怎生奈何是好？"回到家中，闷闷不已。对娘说知此事，母子二人，抱头而哭……（《水浒传》第二回"王教头私走延安府　九纹龙大闹史家村"）

君子谓："羊斟非人也，以其私憾，败国殄民，于是刑孰大焉？《诗》所谓'人之无良'者，其羊斟之谓乎！残民以逞。"

"君子谓""君子曰""孔子曰"，《左传》里常有，好像电影的画外音，故事讲完，插点儿评论，好让观众更加清楚事情的是非曲直，或者帮忙总结点儿经验教训。

这回这"君子"的态度和口吻与以往明显不同，相当激烈，因为羊斟的行为太过分了，弄得君子也开始骂人了："羊斟真不是个人！为了报私仇，让国家吃败仗，让老百姓遭殃，还有比这更该罚的人吗？《诗》所谓'人中败类'，就是说羊斟这样的东西吧！祸害老百姓，痛快他自己！"

羊斟有羊斟的委屈，个人价值被忽视了，怎么办？最好忍着。"君子和而不同"，内部和谐最要紧。身为君子，已经比小人多吃不少肉了，为了大局，少吃这一回也是本分。

春秋二百多年，君子跟君子互掐是时代特色。好多君子不肯忍或忍不住，所以祸乱迭起，让小人们也跟着受罪。争来争去，却没有赢家，往往最后谁都没有好下场。

君子就是那时候的领导干部，代表的不是一人一家的利益，君子的行为往往关系到公共利益和国家存亡。公报私仇，把共同的事业当成自己报仇的机会，这种品行使身为君子的人不配当君子，《左传》极为反对。

君子究竟应该怎么维权？晋国的狼瞫（音 shěn）是榜样。

战于崤也，晋梁弘御戎，莱驹为右。战之明日，晋襄公缚秦囚，使莱驹以戈斩之。囚呼，莱驹失戈，狼瞫取戈以斩囚，禽之以从公乘。遂以为右。箕之役，先轸黜之，而立续简伯。狼瞫怒。其友曰："盍死之？"瞫曰："吾未获死所。"其友曰："吾与女为难。"瞫曰："《周志》有之：'勇则害上，不登于明堂。'死而不义，非勇也。共用之谓勇。吾以勇求右，无勇而黜，亦其所也。谓上不我知，黜而宜，乃知我矣。子姑待之。"及彭衙，既陈，以其属驰秦师，死焉。晋师从之，大败秦师。

君子谓狼瞫"于是乎君子。诗曰：'君子如怒，乱庶遄沮。'又曰：'王赫斯怒，爰整其旅。'怒不作乱，而以从师，可谓君子矣。"（《左传·文公二年》）

战于崤也，晋梁弘御戎，莱驹为右。战之明日，晋襄公缚秦囚，使莱驹以戈斩之。囚呼，莱驹失戈，狼瞫取戈以斩囚，禽之以从公乘。遂以为右。

公元前 627 年，秦国人趁晋文公逝世（前 628 年）的机会，打算偷越晋国南境，袭击郑国。结果郑国没偷袭成，回师途中反遭晋人拦截。秦人几乎全军覆没，三位主将被俘。这就是后来说的“崤之战”。

崤之战中，给当时尚在守丧的晋太子骥，即后来的晋襄公赶车的是梁弘，警卫员是莱驹。大战第二天，要杀一个秦国俘虏，晋襄公就派莱驹去，让他亲手拿戈斩那俘虏的头。

当时场面太恐怖，俘虏突然一声大叫，莱驹紧张得戈都掉了。

正好狼瞫在旁边，眼明手快，拾起戈杀了那人。然后拽起吓呆了的莱驹，追赶已经走远的国君的车乘。

国君看这年轻人不错，于是撤了莱驹的职，提拔狼瞫当戎车警卫员。

箕之役，先轸黜之，而立续简伯。狼瞫怒。

过了几个月，到秋天，晋人又有军事行动。西边的白狄人攻打晋国，一直打到箕地。于是双方在箕打了一仗，晋国大胜。

这一仗跟崤之战时候一样，还是先轸做主帅。不知道什么原因，他不大看好狼瞫（或许觉得他不过是乘莱驹工作出错的机会偶然上位的吧），于是临开战前，把狼瞫撤了下来，让续简伯代替他作国君戎车的警卫员。

荣誉受损，狼瞫满腔愤怒。

其友曰："盍死之？"瞫曰："吾未获死所。"

身为贵族，荣誉受损是大事情，当朋友的不能看着不管，给他出主意："何不为此而死？""盍"是"何不"的合音字，表示反问。去跟他拼命呀！讨回公道！不是这朋友出馊点子，而是那时候贵族就这么想问题，荣誉高于生命。

狼瞫说："我没合适的机会呀。"

"所"是场所、地点，这里就是"场合"。没有找到拼命的恰当场合，死得不是地方，那就没法"死得其所"。

其友曰："吾与女为难。"

朋友一听，也豁出去了："我帮你一起发难。"比如帮他找个碴儿，挑起争端，借此就杀了仇人。这倒是个真心的朋友，为了给他制造机会，连自己的命都不要了。

但是狼瞫要的不是这种机会。

瞫曰："《周志》有之：'勇则害上，不登于明堂。'死而不义，非勇也。共用之谓勇。吾以勇求右，无勇而黜，亦其所也。谓上不我知，黜而宜，乃知我矣。子姑待之。"

狼瞫说："《周志》上说：'勇敢如果妨害上级，死后不能升入太庙，享受祭祀。'"

《周志》就是《周书》，周代的文件汇编，这句话现存于今本《逸周书》里。"勇则害上"的"则"即"若"，如果的意思。"明堂"是太庙，有功劳的人死后，牌位可以放在太庙里配享。

勇气是好东西，但是勇气如果用来犯上作乱，那死了也不能算烈士，牌位不能供进太庙里去。所以孔子也说："勇而无礼则乱。"（《论语·泰伯》）勇敢要用礼义来节制才行。

"死而不义，非勇也。共用之谓勇。"狼瞫对勇敢有自己的理解："死得不合道义，那算不上勇敢。有用的勇敢，才是真勇敢。""共"同"供"，"供用"就是"派得上用场"，就是死于国家的需要。

"吾以勇求右，无勇而黜，亦其所也"，当初我是靠勇敢当上车右的，要是因为缺乏勇敢而被撤职，那就是撤得对了。

"谓上不我知，黜而宜，乃知我矣。"我本来埋怨上级不了解我。要是我犯上作乱——刚才都说了，这不是勇敢的行为——那等于向人证明我没有勇气，那撤我的职就撤对了。那我还有什么资格埋怨人家不了解我呢？

所以，要是认为自己有理，就继续好好表现；要是犯上作乱，就证明自己没理。不能因为自己遭遇了不公平，就做什么事都有理了。

那什么时候能讨回这个公道呢？你心里这口气什么时候能出呢？狼瞫说了，“子姑待之”：你稍微等等，总会有机会的。

及彭衙，既陈，以其属驰秦师，死焉。晋师从之，大败秦师。

过了三年，到公元前625年（鲁文公二年），崤之战曾被俘虏的孟明打回来了，来报崤之战的仇。双方在彭衙打了一仗，秦国人又大败而回。当初撤换狼瞫的先轸，已经在箕之战的时候牺牲了，这时候的主帅是先轸的儿子先且居。

“及彭衙”是“到了彭衙之战的时候”，是接着“战于崤也”和“箕之役”这两次战役在叙事，所以省去了“之战”“之役”这类字样。

彭衙之战晋军为什么能大败秦军？依《左传》说，摆开阵势，一开战，狼瞫就带着自己属下的人马，奋不顾身猛烈冲击秦军。整个晋国军队就跟着这支敢死队，一鼓作气，打败了秦国人。

狼瞫在冲锋中牺牲了，憋了三年的怒气，用在了战场上，立了大功，死得其所。

君子谓狼瞫“于是乎君子。诗曰：‘君子如怒，乱庶遄沮。’又曰：‘王赫斯怒，爰整其旅。’怒不作乱，而以从师，可谓君子矣。”

君子高度评价狼瞫："狼瞫在这件事上不愧为君子（"于是乎"，在这方面，在此事上）。《诗》里说得好'君子如果动怒，动乱庶几结束'，又说'文王赫然震怒，于是整肃队伍'。有怒气不用于作乱，而用来从军征战，真可以算得上君子了。"

君子不能没有血性，要有勇气，要有荣誉感，要能愤怒得起来。但君子的愤怒什么样呢？《左传》里的君子引用《巧言》和《皇矣》来说明。

"君子如怒，乱庶遄沮"出自《诗·小雅·巧言》，说君子如果能够动怒，就能愤然跟社会上的不良现象做斗争，谗慝小人就不会得逞，祸乱就有可能及时止息了。

"王赫斯怒，爰整其旅"出自《诗·大雅·皇矣》，这句讲文王面对密国人的进犯，赫然动怒，于是借着这股愤怒整顿军队，从而使军威大振，用于抵抗密国人。

君子的愤怒不是私愤，是义愤，不会造成混乱，而能够阻止混乱、建立秩序，就好像文王一动怒，就整顿军队，抵抗外敌。

孔子说过"君子矜而不争"（《论语·卫灵公》），翻译过来就是"君子庄矜而不争执"。君子应当自尊自爱，自重身份，这就是"矜"，矜持，自己得端着点儿。但是，自己端得挺高，万一别人对你评价不高、尊重不够，自己和环境就会产生矛盾，这时候怎么办？是放下自尊、任人轻视，还是拔剑而起、挺身而斗？坚持"矜"，就容易引起"争"；想要"不争"，可能就"矜"

不起来——可见，“矜”和“不争”之间有种特殊张力，要想同时做到两者，并不像这句话字面看来那么容易。要既能保持内心的高度自尊，又能正确处理对自己未必友好的外在环境，君子必须在这两者之间坚持走一条“中道”，如此，才算得上真正的君子。整个春秋的历史状况，也就是孔子一生所面对的生活现实。那时候称“君子”的就是有地位、有特权的贵族，一般都比较“矜”，很看得起自己。但他们不是不争，而是经常争，一开始是要“讨回公道”，最后往往演变为“冤冤相报”。这种灾难见得多了，经历得多了，孔子就专门总结出这条标准来教育自己的学生：君子要内心高贵，自尊要向内，指向自己，不要用扰乱秩序的方式维护自尊。

很多救济途径适用于小人（春秋时候的“小人”是指平民，与后来的“卑鄙小人”不同），平头百姓之间吵吵闹闹是常有的事，偶尔骂个街也无伤大雅，但这类途径不适用于君子。因为君子是社会的管理阶层，享有的权益和资源本来就多，再斤斤计较并动用自己的特殊资源和特殊职权用于争斗或报私仇，就会使社会受损。君子之间，要紧的是求同存异、互相妥协。张之洞平生有“三不争”：不与俗人争利，不与文人争名，不与无谓人争闲气。这是君子应有的觉悟。

君子应该如何维护自己的权利，尤其是维护自己的尊严？根据《左传》的意见：第一，忍着；第二，好好工作，并且忍着。

第九讲

永垂不朽与长生不老——从范宣子到齐景公

乐生而恶死，是人之常情；“人固有一死”，也是人之常识。这是一对永远没法解决的矛盾。春秋时期的人，要克服生命之有限，可以通过“不朽”，也偶尔想到过“长生”。这是两条不同的路线，一条被后世的儒家继承和发挥，另一条保留在后来的道教中。当时其他宗教尚未传入中原，国人尚不知道人还可以成佛或复活。

二十四年春，穆叔如晋，范宣子逆之，问焉，曰：“古人有言曰‘死而不朽’，何谓也？”穆叔未对。宣子曰：“昔匄之祖，自虞以上为陶唐氏，在夏为御龙氏，在商为豕韦氏，在周为唐杜氏，晋主夏盟为范氏，其是之谓乎！”穆叔曰：“以豹所闻，此之谓世禄，非不朽也。鲁有先大夫曰臧文仲，既没，其言立，其是之谓乎！豹闻之：‘大上有立德，其次有立功，其次有立言。’虽久不废，此之谓不朽。若夫保姓受氏，以守宗祊，世不绝祀，无国无之。禄之大者，不可谓不朽。”（《左传·襄公二十四年》）

二十四年春，穆叔如晋，范宣子逆之，问焉，曰："古人有言曰'死而不朽'，何谓也？"穆叔未对。

这事发生在春秋后期，鲁襄公二十四年（公元前549年），鲁国的穆叔来晋国访问。

穆叔叫叔孙豹，叔孙是氏，是鲁国最有权势的卿大夫之家"三桓"之一。叔孙豹是叔孙氏的家长，也是鲁卿之一，在鲁国是数一数二的权势人物。《左传》又叫穆叔为叔孙穆子，是以谥号称他。总体上，穆叔是个博学而又宽仁的人，比与他同时的大部分列国政治家都更正直，也更遵守周礼一些，《左传》的作者对他有不错的印象（也部分地由于他的宽仁，他有一个比较悲惨的生命结局）。

这年，叔孙穆子来晋国访问，晋国的范宣子迎接他。古代有这种礼仪，叫"郊劳"，指外国使臣到近郊（"近郊"的标准是距离国都三十里），国君派卿大夫迎到郊外慰劳使臣。

叔孙豹见了范宣子，两人发生了一段私人交谈，范宣子忽然问他："您说说，'死而不朽'是什么意思呀？"

"死而不朽"是春秋时人之常谈，《左传》里经常可以看到。崤之战，秦国统率孟明等三位将领被俘。被释放回国前，孟明就对晋国人说，如果他不死在晋国，而是回去让国君来治罪，那他就是被杀了也心甘，看来"死且不朽"这句话是形容"死得值得了”。

死是人生的重要环节，古人把死看得很严肃，不同的死法分得很清。对春秋时代的人来说，好的死法是“保首领以没”或“寿终正寝”，活到老了自然死亡，好好地去见祖先，归入他们的行列；如果万不得已，要非正常死亡，古人叫“强死”，指身体还很强健、还没衰老就死了，那也以死得合乎大义、有价值为好，有积极意义的死也就是“死而不朽”。

东汉马援讲“男儿要当死于边野，以马革裹尸还葬耳，何能卧床上在儿女子手中邪？”（《后汉书·马援传》）他把马革裹尸当成第一等死法，这是“烈士”（功业之士）的心态，是把这种非正常的死亡作为对他生命意义的最大肯定，这跟春秋时候的人不太一样。

但“何能卧床上在儿女子手中邪”这样的反问，跟“寿终正寝”的观念相通，就是把死看得非常庄严，要正正式式地面对，不可以马马虎虎。春秋时天子、国君都有正寝、小寝。“小寝”又叫“燕寝”，是日常的起居室，燕居之处，属于私人空间。天子、国君的正寝又叫“路寝”，其实不是寝室，而是接见大臣、办公听政的地方，也是斋戒时期的居所，其实是办公室。《仪礼》“男子不绝于妇人之手”，君子重终，到了病危的时候，还是要到正寝等候死亡降临。死亡是一种前所未有的人生经历，妻妾臣仆都不可因为溺爱而打扰他，他需要独自严肃面对这个时刻。

所以《春秋》对鲁国国君逝世的地点都着意记载，鲁成公十八年“公薨于路寝”，这说明鲁成公的死合乎常道；僖公三十三年，记鲁僖公“薨于小寝”，《左传》解释，这条记录是说僖公“即安也”，就是为了安适、为了舒服，病重的时候没有移到路寝，这不是国君完全正常的死法。所以马援也讲大丈夫不能哭哭啼啼地死在“儿女子手中”，而要死在严肃的场合，比如战场。死的场合对，死得是地方，古人叫“死得其所”，这样的死也是“死而不朽”。

“死而不朽”既然是春秋时的常谈，那么范宣子就有点明知故问的意思。所以，被他这么突然一问，大概叔孙豹也没明白应该往哪个方向回答，只好保持沉默。

宣子曰：“昔匄之祖，自虞以上为陶唐氏，在夏为御龙氏，在商为豕韦氏，在周为唐杜氏，晋主夏盟为范氏，其是之谓乎！”

范宣子见对方没反应，自己又说起来了。他开始背家谱，从非常远古的帝舜时代，就有这么个显赫的家族，叫陶唐氏。这其实就是帝尧的部落。传说帝尧居住在唐，故又称唐尧，也叫陶唐氏。（陶可能也是地名，或陶唐合起来是个地名）在虞舜时代这个陶唐氏还是兴盛的。等到了夏代，陶唐氏衰落了，但它的一支作为御龙氏发达起来了，这是以替夏王孔甲饲养龙而得名的，就好比后代以官得氏一样。到了商朝，据说商朝原有诸侯叫豕韦氏的，是风姓，帝颛顼的后代。豕韦氏衰落了，而御龙氏的后代持续发达，就取代了豕韦氏的地位，大约就是居其地、有其国，而且沿用了它的国号，所以，御龙氏的后代又成了“豕韦氏”。到周代，这个豕韦氏家族的一支子孙，又成为唐杜氏，就是周的诸侯国之一杜国，据说故城就在陕西西安东南的杜陵。

范宣子的意思就是，从那么荒远的时代以来，自己这个家族，经过了层层洗刷淘汰，陶唐氏子孙衰落了不少，御龙氏一支留下来了；再淘汰，出来一支当了豕韦氏；再淘汰，又有一支唐杜氏。晋国的范氏就是继承的这个血脉，这个基因经受时间的考验，生生不息，在每一个大时代里都有些可圈可点的表现，现在（注意，关键是现在）又成为晋国（当时列国中的第一超级大国）的世袭的卿。他很为此骄傲。

说起他这骄傲，今天的人会很难理解，据说唐尧的时代约相当于考古上的龙山文化，好几千年前的事情了，跟你范宣子个人有啥关系？

周的文化就是建立在血缘宗法基础上的，国以家为基础，周天子对诸侯国的国君，同姓的称叔父、伯父，异姓的称叔舅、伯舅，大家不是血亲，就是姻亲。诸侯国的卿大夫，好多都是国君的兄弟、堂兄弟、远堂兄弟。大家到一起怎么知道高低贵贱？就是靠“摆谱”，家谱拿出来一比就知道了。而个人是家族的一分子，家族的悠久和显赫，就是个人的光荣。

其他非姬姓的国家、家族也跟这个风，追忆自己的祖先。比如郯国国君就知道自己是少皞氏的后裔，还知道祖先当年有鸟图腾，当时孔子正年轻，听说后赶紧去向他学这些历史知识。（参见《左传·昭公十七年》）

唐尧、虞舜时代的很多事情，但凭口耳相传，一个传说与另一个传说之间往往互相混淆、矛盾或重合，这段历史现在在中国古史中都叫“传说时代”。但春秋时候的人言之凿凿，很有信心地把这些东西编进自己的家谱。正是先有了对家族血缘的崇拜，然后才有了整理家族历史的意识，那些流传已久、没有头绪的传说才被归类整理成系统。

到了战国的时候，形成了《世本》，即完整的谱牒．各国、各姓、王侯、卿大夫的祖先都编在一起，如同一棵大树，总根归到黄帝一人。这是中华民族的“总谱儿”，完整得有点离谱儿是不是？但若认为它纯粹是胡编的，那也不对。编家谱是因为古人崇拜血缘，而正因为崇拜，所以绝不会全无顾忌地乱编一气。这里面包含了大量的历史记忆，有真实历史的影子，虽然经过久远的流传而不可避免地发生变形，但仍然是今天研究上古史的重要线索，考古学也用得着它。

不同的历史传统造就不同的生活方式，比如宋国人是殷商的后裔，传统似乎比宗周姬姓各国悠久一些，他们好讲仁义，而且有点儿死脑筋，在战国时候都出了名的，什么揠苗助长、守株待兔，全栽他们头上。今天全球化、地球村，走到哪儿都有麦当劳，说英语在一般城市都管用，从某种程度上说，春秋时期列国文化和生活方式的差异，恐怕不比今天世界各国之间的差异小。所以，在春秋时候，这些关于家族谱系的知识，都是活生生的历史，真格得有用，搞政治，尤其是搞外交，对各国、各家的来源和历史不知道点儿是不行的。就好像今天，对外交往也需要知道欧洲文化，知道非洲历史，知道哪些民族有哪些习惯和禁忌。所以孔子也“信而好古”，遇到这类知识他都要学，都不错过。

所以，范宣子那自豪不是装的，在他看来真是他的家族继承了优秀的血统，而且发扬了优秀的成分，在每一个时代的历史舞台上都有他们家族的人。而且，重要的是，这个“优秀”在当代还没有落空，不是像阿Q那样，说一句“我的祖宗以前比你还阔”就完了。晋平公四年（鲁襄公十九年，公元前544年）起，范宣子作晋国的中军将（元帅），在六卿中位居第一，掌握着当时列国第一强国的命脉，很大程度上也是掌握着服从于晋国的其他诸侯国的命运。他的自豪感也包括自己的事业不辜负这些祖先。

范宣子产生这种志得意满的心情，跟他家族三代的事业成功大有关系。范宣子是祁姓，士氏，又是范氏。他祖父是著名的范武子，又叫士会，不仅有治国之才，个人修养也非常好。士会晚年同时任中军将和太傅，太傅当时是晋国文职官员中的最高职务，中军将是晋国执政。他一上任，晋国的不法之徒全逃到秦国去了，不敢在晋国待。（参见《左传·宣公十六年》）他执政一年多就不干了，主动退休。但是，过了将近二十年，晋国实力有所衰退时，晋悼公为复兴霸业而采取的一项措施就是恢复范武子留下的法令制度。（参见《左传·成公十八年》）过了四五十年，楚国大夫还跟晋国人打听范武子的为人，可见他威望之高。（参见《左传·襄公二十七年》）

范氏三代的持续兴旺，跟范武子的家教分不开，尤其得益于他谦虚谨慎、顾全大局的风格。

范武子的副手郤克，有一次到齐国访问。齐顷公接见他的时候悄悄在偏房挂了个帘子，让自己母亲隔着帘子看热闹（看来齐顷公还挺孝顺）。结果郤克刚走进来，这位老夫人就笑出声来了——郤克是个瘸子。这下不得了，对郤克来说真是奇耻大辱，一气之下回国，回国就请示国君出兵攻打齐国。国君不同意。他又请示带自己家的武装去打。国君还不同意。

范武子看出郤克心里愤愤不平，所以特意提前告老，主动给年轻同志让路。他退休前，就对儿子士燮（范文子）讲："人的喜怒情绪，想让它合乎节度而不酿成不良后果，是非常不容易的。作为一个君子，他的感情得用在正地方，用在抑制暴乱，而不能用在发动暴乱上。现在郤子对齐国怀着一腔怨恨，我退休让他主政，他的怨愤就可以用来制服齐国。不然我怕他这个压抑的怨愤转化到对内，就要造成内乱了。”最后还嘱咐，“我退休你就要继承卿位了，你要好好听他们几位前辈的话，一切谨慎。”（参见《左传·宣公十七年》）

郤克当了中军将，过了两年果然发兵大败齐国，差点俘获了齐顷公。大军凯旋，范文子慢腾腾跟在队伍后面进了城。等见了范武子，范武子就数落他：“你不知道我盼着你啊？”当时通讯不发达，儿子上了战场怎么样了也不晓得。老父亲生怕他有个三长两短，队伍进城的时候眼巴巴看着，就恨他进来得慢。但是范文子说：“军队打了大胜仗，全城都围观呢，我要是走在队伍前头，一定很引人注意，这不等于是代替主将接受光荣么？所以不敢这样做。”老头子一听儿子这么谦虚稳重，气也消了：“你从政我放心了，咱们家不会遭什么祸患了！”（参见《左传·成公二年》）范宣子在谦虚谨慎方面不如乃祖乃父，但也继承到一点祖父、父亲的作风，这对他的家族是种保护。

从范武子到范宣子，这个家族活跃在政界前后约八十多年，这中间好几个大家族都消亡了。当年接替范武子的郤克，公元前 607 年鞌之战大败齐军后，他的家族迅速崛起，三十多年间发展到一门三卿（当时晋增设“新军”，六卿加新军将、佐，共八卿），结果到公元前 574 年，郤氏三卿郤至、郤锜、郤犨同日被杀。公元前 608 年（鲁宣公元年）胥甲父因罪被流放，他的儿子胥克继任为晋卿，过了几年胥克因患精神病被废，到成公十八年（公元前 573 年），胥克的儿子胥童作乱被杀，胥氏败落。郤氏的先人郤缺、胥氏的先人胥臣，都是晋文公手下的名臣，这些家族都衰落了。包括晋文公时代著名的先轸，后代也被灭族（公元前 596 年）；赵衰的家族经历了一场浩劫，几乎灭族（公元前 583 年）。时间的淘汰、政治的淘汰，从未间断。

就在叔孙豹来晋的前一年，具体讲就在三四个月之前，晋国又发生了一次大动乱，经过这场动乱，晋人“尽杀栾氏之族党”，六卿中的栾氏灭亡。杜预认为，此次叔孙豹来访的任务就是祝贺平乱成功。这次动乱期间主持国政的正是范宣子，牵头消灭栾氏家族的，也就是范氏和与范氏亲好的荀氏（荀氏又分为中行氏和知氏，后来“三家分晋”，就是韩、赵、魏三家逐渐淘汰了范、中行、知三家，最终瓜分了晋国，那也不过是五六十年以后的事情，看来范宣子果真看得还不够远）。所以，范宣子想到自己的家族，感到特别自豪，这其中也可能包含了对记忆犹新的残酷淘汰的一种感想，或者是这场危机化解之后的一种轻松感（范宣子在动乱初期惊慌得不得了）。（参见《左传·襄公二十三年》）

穆叔曰："以豹所闻，此之谓世禄，非不朽也。鲁有先大夫曰臧文仲，既没，其言立，其是之谓乎！豹闻之：'大上有立德，其次有立功，其次有立言。'虽久不废，此之谓不朽。若夫保姓受氏，以守宗祊，世不绝祀，无国无之。禄之大者，不可谓不朽。"

范宣子突然跟客人讨论"死而不朽"的问题，这里面可能凝聚着复杂的人生体验，但更明显的，是洋洋得意的矜夸。当时的贵族（当时叫"君子"）和贵族之间，不太流行互相吹捧、乱打哈哈，即便是不同国家的卿大夫之间，也时常有直言不讳互相规谏的现象。见范宣子自我感觉如此良好，穆叔很不客气地讲出一套不同的看法，这段话后来成为千古名言。

他说，就他所知，范宣子家这种情况不叫"不朽"，只能叫"世禄"，就是一代一代都吃公粮，每代都出领导干部，如此而已。

臧文仲是鲁国的贤大夫，穆叔举他作"不朽"的例子。"臧文仲"是称他的谥，《春秋》中称他为"臧孙辰"，字面意思是"臧氏的家长名叫辰的人"，"孙"是对族长的称呼，像鲁国有"孟孙""季孙"，宋国有"华孙"，都是称这些家族的家长。臧孙辰的曾祖父是鲁孝公的儿子公子彄（kōu）。公子彄字子臧，所以他的后代以他的字为氏，就是臧氏。春秋时一般公子称名，叫"公子某"，下一代称"公孙某"，公孙以下就把公子的字作为氏了，比如郑国著名的政治家子产，他父亲叫公子发，字子国，子产叫公孙侨，子产的儿子便叫国参，以下各代都以“国”为氏。臧文仲的出身也不错，公室后代，但是他的“不朽”跟血缘无关，他的“不朽”在于他是鲁国政治人物的典范。

从鲁庄公时代到鲁文公十年臧文仲逝世，从政的时间前后有五十年左右，留下许多嘉言懿行，在《左传》和《国语》中都不难见到。

穆叔说，像臧文仲这样，虽然人不在了，但是仍有名言流传于世，教育后人，这才是不朽呢。穆叔说这话时，已经是臧文仲逝世七十年以后了，要是一般人早就被遗忘了。后来在《论语》里，孔子也几次提到臧文仲，往往对臧文仲有所批评。但是，死后一百年还值得被孔子拿出来批评一下，那还是有一定分量的人，说明身后确实留有影响。

接下来穆叔讲了一段话：“大上有立德，其次有立功，其次有立言。”这段话非常有名，这就是后世说的“三不朽”，是三种真正的人生成就，可以克服生命的有限性。

“大上”是“太上”，最高境界。人生的最高成就是“立德”，上古帝王黄帝、尧、舜这样的人，内在的道德完善，能够达到“垂衣裳而天下治”的程度，他们的德性就成为最高道德的楷模。靠纯粹的道德修养而不朽是极高的境界，一般人难于企及也不易理解，即使像颜回这样的人，依司马迁讲，如果没有孔子的话他可能就被忘掉了。其次一等的不朽，是对人类做出实际贡献，比如禹疏九河，比如汤、武革命，造福人类，推动社会进步，这是“立功”。成就大功需要有一些条件和机遇，也很难得。最后一种，虽然没有实际的事功，但是有善言传世，启发后人，像穆叔说臧文仲“既没，其言立”，就是“立言”，也可以指学术上的伟大成就。

古往今来为了追求不朽，人们做过各种尝试，博取高位、大名、权势，把名字刻在石上，或者营建坚固的墓室，等等，这些完全都有可能是虚幻的，经不起时间的考验。只有立德、立功、立言是靠得住的。所以司马迁说“古者富贵而名摩灭，不可胜记，唯倜傥非常之人称焉”(《报任安书》)。

叔孙豹说的“立言”，不是小说、诗歌，不是后世文人的嘲风咏月，而是与人类生活密切相关的重要言论，于人的实际生命有益的言论，也包括伟大著作，比如臧文仲立的言，多是对国君的劝谏和对同僚的教导。文公十八年，季文子说过一句话：“见有礼于其君者，事之如孝子之养父母也；见无礼于其君者，诛之，如鹰鹯之逐鸟雀也。”这是讲大臣应该以道义事君，这就是引臧文仲的话，说明臧文仲立的言为季文子所奉行。司马迁讲“文王拘而演《周易》，仲尼厄而作《春秋》”云云，都是真正的立言。

说完这些话，穆叔又强调一遍：“若夫保姓受氏，以守宗祊，世不绝祀，无国无之。禄之大者，不可谓不朽。”至于你说的保住祖先传下来的姓，不断获得氏，来守护宗庙，世代维持祭祀，哪个国家都有几个，没啥了不起。古代庶民无姓，有土有爵才会有姓，比如《尧典》说的“平章百姓”，这“百姓”是指贵族。保住姓不丢失，就是地位始终没有沦落。一姓繁衍下来，遇到不同的时代、环境，获得一点新的地位，做官，封爵，又接受氏。所以“保姓受氏”，就是始终有地位。《史记》里的“世家”就是记这类世代血食的家族，当然，是记其中最大的，诸侯级别的。“宗祊”读 zōng bēng，家庙。天子、诸侯、卿大夫有家庙，平民没有。穆叔核心的意思是：代代有地位、有特权，这是“禄之大者”，就是一般说的“大富大贵”，这跟不朽是两码事。范宣子乘兴而来讨论“不朽”，结果，自讨了个没趣。

范宣子和穆叔对“不朽”的理解，是不是绝对的一错一对？恐怕也不能这么讲。大概地说，范宣子的理解是比较传统的，而穆叔的理解比较新。除去这次讨论不朽，《左传》里四次有人用到“死且不朽”，含义都是归死于祖国或归死于宗庙，奉君父的命令而死，这样死，死而无憾，叫“死且不朽”。西周以来，宗族是社会的分子，个人是宗族的分子。个人附属于家族，分有祖先的血脉，负有保护宗族的责任。所以，宗庙祭祀的维系，的确是个人奋斗的目标所在，也是个人生活价值的体现。

有件事，时间比范宣子他们这番对话早上六十年，也就是早两代人，值得讲一讲。

鲁文公时候，宋国的司城（即其他国家的“司空”）公子荡逝世了，照例应由他的儿子公孙寿继承卿位。可是，公孙寿却决定让自己的儿子荡意诸来当这个卿。为什么如此安排？他讲：“现在国君无道，而这个官位又太高，只怕要跟着国君受牵连。可是若放弃这个官职，家族又无所托庇。儿子是我本人的代表（“子，身之贰也”，儿子好比是父亲的副本），姑且让他代替我做官，延缓我的死亡。这样，即使失去了儿子，也还不至于让整个家族都灭亡掉。”

当时宋国的矛盾很多，在位的宋昭公不得人心，公孙寿预感到大难将至，所以将卿位让给自己的儿子。这样，和平时期家族可以获得政治上的保护；若赶上祸难，儿子就算随同国君而罹难，公孙寿作为家族的一家之主还在，又有些政治上的威望，家族也不至于分崩离析。

果然，荡意诸当了司城不久，国内便发生叛乱，荡意诸只好逃亡到鲁国，过了三年才得回宋国，恢复了地位。可是，暴乱还远未停息，宋昭公依旧无法得到拥护，而他的兄弟——那“美而艳”的公子鲍却买通上下，暗暗蓄积实力。又过了五年，昭公被攻杀在孟诸的田野上，荡意诸也跟着殉难了。可是，靠着公孙寿的苦心安排，荡氏家族终于挺过这场大风大浪，生存下来了。（参见《左传·文公十六年》）

从这个故事中，我们不难看出当时个人与家族的关系究竟如何。所以，范宣子那样以家族为荣，原是符合传统观念的。只是，到春秋时代，愈到后期，人的地位的稳定性愈与以往不同，高贵者未必永远高贵，低贱者未必永远低贱。臣弑其君、子弑其父者往往而有。长幼尊卑不再是铁板一块。晋国许多功臣的后裔都灭亡了，这不是范宣子亲眼所见吗？他们的灭亡，难道与他们自己的素质和作为毫无关系吗？一个人的命运和价值，决定于家族的比例小，决定于自身的比例大。这个变化，被穆叔讲了出来："不朽"是个人的事情。一个人能不能"不朽"，得看他自己做了什么，跟祖先是谁没有关系；祖先有名，也不等于家族所有人集体不朽了。范宣子和穆叔的对话，也可看作是新旧交替时代两种观念的对话。

在《左传》中，穆叔的话说完，没有再提范宣子有什么反应或回答，仿佛他被穆叔的一番话说得沉默或沉思了。这也就表达出了《左传》作者的态度，即赞同穆叔的意见，这也是后世儒家共同的观点——一个人的价值和成就，就担负在他自己的肩上，就在他自己的道德、学问和实践之中。

二十多年以后，齐景公在国都临淄北边的沛泽打猎，归而饮于遄台。这时，他已当了二十几年的国君，登高把酒，头脑中忽然涌现出一个比范宣子的"死而不朽"还大胆很多的幻想：人假如能不死，该有多么好！

饮酒乐。公曰:“古而无死,其乐若何!”晏子对曰:“古而无死,则古之乐也,君何得焉?昔爽鸠氏始居此地,季萴因之,有逢伯陵因之,蒲姑氏因之,而后大公因之。古若无死,爽鸠氏之乐,非君所愿也。”(《左传·昭公二十年》)

饮酒乐。公曰:“古而无死,其乐若何!”

这一次饮酒的快乐,非同一般。一年来,景公吃了不少苦。他先是患了皮肤病,大概是寄生虫感染之类,久治不愈。皮肤病还没好,又患上了“痁”(shān),就是疟疾,这是种极折磨人的病,严重的甚至致人死亡。就这样,缠缠绵绵煎熬了一年之久。“病急乱投医”,景公实在难受时,甚至听信大夫们的糊涂建议,归咎于齐国的神职人员,说他们事神不力、祷告不灵,打算杀掉祝、史来取悦上苍。幸亏晏婴及时制止,劝他放宽政策、抚恤百姓。直到鲁昭公二十年年底,齐景公才得康复。这次游猎和宴饮,不是普通的享乐,而是大病初愈的身心放松。

齐景公登上遄台,不禁想起病中的种种体验,痛苦、恐惧、盼望、疑虑……复杂得很。酒饮到兴奋处,想到人早晚都要面对的大问题,他对身边的晏婴讲:“若从古以来,没有死这一码事,该是多么快乐呀!”

春秋之前的人，对人必有一死的现实，是抱着一种朴实的接受态度的，死亡也被称为“即命”——接受命运、顺从天命。“不朽”则是对这种生命态度的补充，是生命的另一种延续。在他们看来，人走完一生，不遭灾不受刑，而是慢慢地衰老，最后顺顺利利、恭恭敬敬归入祖先的行列，这是福分；然后，逢年过节，享受子孙的祭祀，这真是大福分。西周的铜器，多有“子子孙孙永宝用之”的铭文，便是这一种祈盼的体现，他盼着子孙昌盛，把精美的祭器代代传承，他在天上便也年年分享到嘉谷和牺牲。对于个人的现世生命，他顶多希望活得尽可能地老寿，于是铜器上便有了“眉寿”“黄耇（gǒu）”一类的祝嘏，“眉寿”是人到八九十岁眉毛长得很长，“黄耇”是极高寿的人白发转黄（“黄”）和面部色素沉积的状貌。这都是高寿的象征，这种企望在春秋的青铜器上大量出现；而想象肉体生命永生不死，那是春秋末才有，战国才发达，秦汉之际才如火如荼的思潮。在《左传》中，齐景公应该是第一个想到这桩事的人。秦、汉长生之术，也以齐国为最发达，看来确与齐地的文化、风土都密切相关。（参见杜正胜《从眉寿到长生——中国古代生命观念的转变》《中研院史语所研究集刊（先秦卷）》）

晏子对曰：“古而无死，则古之乐也，君何得焉？昔爽鸠氏始居此地，季萴因之，有逢伯陵因之，蒲姑氏因之，而后大公因之。古若无死，爽鸠氏之乐，非君所愿也。”

晏婴是著名的贤臣，按我们后世人的一般想象，贤臣的特色就是不给面子，说话、办事总跟君主拧着来，特别不配合，这个故事里的晏子就是这样的。景公对生命的诗意遐想，晏子给予冷峻的回答：“从古以来如果没有死，那乐呵的是古人，对国君您有什么好处？当年始居此地的是爽鸠氏，继之是季荝（cè）氏，继之是有逢伯陵氏，然后是蒲姑氏，再后来才是太公（齐国的始封君姜太公）承袭了下来。从古以来如果没有死这码事，那是爽鸠氏的快乐，可不是您所希望的哟！”

晏子历数自古以来在齐地建国的氏族，少皞时候的爽鸠氏，虞夏时候的季荝，殷代的有逢伯陵、蒲姑氏，意思很简单：如果没有死这码事，这块土地前面的统治者多了去了，咋也轮不到你今天在这。

《左传》中，晏子说完了话，便也没了下文，想必齐景公是大大地扫兴。景公那幻想“长生”的星星之火，就这样被一瓢冷水泼灭了。齐景公关于长生不死的追问，先秦古籍中多见，当然，大部分记载的结局都是被晏婴泼冷水。不过可见景公是齐国较早关心长生问题的君主。后来齐威王、齐宣王都有求长生的事迹流传，那时已经不是议论议论的问题了，而是当成重点科研项目来研究，结果培养了一大批“长生学”人才。

三四百年后，当长生学以燎原之势席卷秦、汉帝国的时候，已经完全不是晏子这种程度的冷峻和理性所能扑灭得了的了。

秦、汉的“长生”和春秋的“长生”有所不同，是不同的概念，春秋铜器上讲“眉寿”“黄耇”，是在死之前尽可能多活，是“老而不死”；秦汉研究的是“却老方”，开发抗衰老药，那才是真正的“长生不老”。

不论是血脉传承，还是功名垂世，还是肉体永生，种种梦想和主张，都反映出人对生命的珍重和不断探索。血脉的传承直到今天也一样，“孩子是父母生命的延续”。最直接的生物遗传，正如把一滴水放入长河，让辛苦奔忙的个人感到无限安慰。曾子讲“慎终追远，民德归厚矣”，一个社会如果知道敬畏死亡、缅怀祖先，那么个人上对列祖列宗、下对子孙后代都会更有责任感、更尽心，人民的道德也会敦厚一些（说不定在食品和药品里可以少掺一点假，或者在开发土地和倾倒垃圾的时候手下留情一些）。同样是重视生命的遗传，只不过古人是向上负责，今人是向下负责；古人普遍孝顺爹娘，今人普遍溺爱儿女。“三不朽”则把生命延续的任务落实到人头，激励每个人在有生之年自强不息、有所贡献。至于“长生不老”，虽然无法实现，却始终是科学和宗教的前沿问题，牵引着人们想象力的脚步。我们现代都市中往来奔忙的小人物，如上班族、公务员、小商小贩等，如果留着这个问题没事儿想着玩，也许可以给重重现实压力下的人生减减负。

第十讲

『人才引进』之道——子皮的用人艺术

孔子评价晏婴“善与人交，久而敬之”（善于和人交往，相处越久，越受尊敬——《论语 · 公冶长》)，但晏婴对孔子似乎并不算太欣赏。公元前 517 年，鲁国发生内乱，鲁昭公抵挡不了三桓的攻势逃到齐国。不久，孔子也来到齐国，这年孔子三十五岁——陶醉于《韶》乐以至于“三月不知肉味”，就是在这次避乱中间，真叫“发愤忘食，乐以忘忧”(《论语 · 述而》)。孔子在齐国，与齐景公议论政事，“君君、臣臣、父父、子子”就是这时候说的。景公对孔子蛮有兴趣，打算将尼溪的田封给他。这时晏婴出来说了一大通不利于儒者的话，一盆冷水泼得景公再也不当着孔子提“礼”字了。（参见《史记 · 孔子世家》）大约当时孔子的思想仍未脱“信而好古”的阶段，身上的书卷气太浓厚，于从政并不完全适合，晏子年长孔子二三十岁，已是深知齐国内部困局和从政之艰难的政治家，大概对孔子的问题不会看不出来。

晏子有自己欣赏的成熟而有风度的政治家。在孔子来齐国之前二十年（公元前 537 年），那时晏子也还年轻，郑国上卿子皮来到齐国，住在大夫子尾家中。晏子频频前去拜访，以至于惹得陈桓子十分好奇，问他为什么对子皮这样热情。晏子说："他能提拔好人，这是百姓的好领导。"（参见《左传·昭公五年》）其实子皮这人经常犯糊涂，但就是他提拔了子产这一条，让晏子特别敬佩他。

郑子皮授子产政。辞曰："国小而逼，族大宠多，不可为也。"子皮曰："虎帅以听，谁敢犯子？子善相之。国无小，小能事大，国乃宽。"（《左传·襄公三十年》）

这是在鲁襄公三十年（公元前 543 年），子皮做郑国上卿的第二年。

此前一年，主政郑国十多年的子展逝世了，子皮接替父亲子展的位置，做了郑国的上卿。

曾与子展共事的伯有，与子皮本是远堂兄弟，他原本位置仅次于子展，这时政事的决定权便暂时落在他的手里——子皮虽然是上卿，但从政的资历还浅，尚无伯有这样的威权。

伯有是个骄傲而固执的家伙，他极爱饮酒，挖了个地下室，在里面撞钟奏乐，通宵达旦。早晨大夫们来朝见他，他还在地下室喝酒呢。

伯有因为两番强迫公孙黑出使楚国，不久终于被好犯上的公孙黑所攻打，一把火烧了他的家，他都被人用车载着逃出国都了，才醒过酒来。过后，伯有潜回国都企图反攻，却不获支持，最终被杀。这次动乱就发生在子皮为上卿的第二年，也就是公元前 543 年。

伯有之乱后，子皮主持大局，这时他决定将具体国事的处理交给子产主要负责。“授子产政”，就是让子产当“执政”。不是说上卿子皮不当了，上卿还是子皮，只是具体工作全由子产说了算，子产好比是个“执行上卿”，子皮则以自己的地位在背后支持子产。

子产却不太乐意：“国家小而又随时在大国的威逼之下，公族强大而受宠之人众多，这样的国家没法治理好。”子产主要是考虑到两个困难，一个来自国外，一个来自国内，“国小而偪，族大宠多”，这是当时郑国的实情。

春秋晚期的郑国，内忧外患，无以复加。晋国、楚国连年争霸，郑国正好处在两国中间，事楚则晋来伐，事晋则楚来伐。郑国没办法，只好“牺牲玉帛，待于二竟（边境）”（《左传 · 襄公八年》），哪面的大国打上门来，就向它输纳礼物，臣服于它，同时准备迎候从另一面来的兴师问罪。晋、楚轮番的经济、军事压迫，搞得郑国民穷财尽，盗贼盈野。这就是子产说的“国小而偪”，又小又受压迫。

说到“族大宠多”，当追溯到子皮当政之前一百年左右。

当年，在郑文公（公元前671—前628年在位）的宫廷中，曾有个位次很低的姬妾，叫“燕姞”，意思是她是从燕国（南燕国）来的姞姓女子。一天夜里，燕姞梦见天上下来一位使者送给自己一株兰花：“我是你的祖先，把这兰花送你当儿子。兰花有倾动一国的香气，人们会爱戴它、喜欢它。”

不久，她见到了文公，文公送她兰花并亲近她。她对文公讲：“妾身份低微，万一有了孩子，恐怕没有凭证，不被相信，可以把这兰花作为信物吗？”文公就答应了。后来，燕姞果然生了个儿子，就取名叫兰。这位公子兰就是后来的郑穆公。（参见《左传·文公三年》）

传奇的诞生故事大抵出于附会，它们总是被创作或被充分挖掘于人物的传奇一生为世人所知之后，郑穆公也是如此。其实他本人的一生也并不怎样传奇，唯独他作公子时曾一度流落晋国，作晋文公的手下，正逢晋文公讨伐郑国，他不忍心攻打自己的宗国，主动要求不去前线，于是被允许只在晋国的东境驻扎等候，这算是公子兰生平的一件事迹，但仅凭这一点还不足以使人们注意到他神奇的出生。

真正赋予兰花一梦以天命式的预言色彩的，是这样的事实：在郑穆公死后的近一百年里，他的子孙形成了七支显赫的家族，共同把持了郑国的大权，这七族就被称为“七穆”。郑穆公死后，郑国的执政者从“七穆”中源源不断地产生，前文提到的伯有便是穆公的曾孙，赶走伯有的公孙黑是穆公之孙，子展、子皮父子是郑穆公的孙子和曾孙，子产也是郑穆公之孙。（参见后文“七穆世系简图”，据杜预《春秋释例·世族谱》）。

“七穆”本是同根生，但随着各支不断繁衍壮大，便出现了许多专横骄奢的子孙，血缘的纽带愈来愈松，彼此的矛盾则愈来愈多，以至于专权严重、内乱迭起。伯有之死便是最近的一次大乱，此前十一年（公元前554年）子孔（穆公之子，但他的后代没发达起来，不属于后来的“七穆”）专权，为子展、子西（公孙夏，是公孙黑的兄长）所杀；比此更早九年（公元前563年），子西的父亲子驷、子产的父亲子国、伯有的父亲子耳死于内乱。这就是二十年来郑国的情形，“族大宠多”，国内有庞大的权势阶层，很难领导，让子产治国，子产怎么会不为难呢？

大厦将倾，一木难支，像这样一个内外交困的国家，一人之力焉能挽救得了？子产当然是为难的。

所幸子产加上子皮，已经是两个人了。子皮给他打气：“特权阶层人多不要紧，我带头听你的，别人谁还敢不听呢？”子皮家的地位，当时在郑国六卿中排第一，当然有绝对的权威和号召力。“至于国家小，也不要紧，有理有节地开展工作，做好外交，还是对付得了的。”

郑伯兰

驷氏　子驷（公子騑）—子西（公孙夏）—子上（驷带）—子游（驷偃）—驷丝

罕氏　子罕（公子喜）—子展（公孙舍之）—子皮（罕虎）—子齹（罕婴齐）—子姚（罕达）

丰氏　子丰（公子平）—子石（公孙段）—子旗（丰施）

印氏　子印（公子睔）—子张（公孙黑肱）—伯石（印段）—子柳（印癸）

游氏　子游（公子偃）—子蟜（公孙虿）—子太叔（游吉）；—子明（游皈）

国氏　子国（公子发）—子产（公孙侨）—子思（国参）

良氏　子良（公子去疾）—子耳（公孙辄）—伯有（良霄）—良止

（七穆世系简图）

子产虽有才能，但没有足以左右全局的势力，所以对形势也很难有信心；子皮的才能不算足够，但有地位、有眼光，更有任用子产的诚意。“虎帅以听，谁敢犯子？”这既是鼓励，也是承诺：我罕虎（子皮名虎，字皮，罕氏）带头听你的，你就放心干吧！子皮的话不是空头支票，他说到做到。

子产的工作，一开始就面临很大的阻力。子产一接手郑国，立即进行全面整顿，"使都鄙有章，上下有服；田有封洫，庐井有伍；大人之忠俭者，从而与之；泰侈者因而毙之"（《左传·襄公三十年》），就是让城里（都）和乡下（鄙）各有各的规章，分别治理，让上上下下不同等级的人各有职事（服）；使田地有疆界和沟渠来划分，把房舍和水井相搭配；对待大夫们，忠诚节俭的，就亲近、听从，骄傲奢侈的，就依规章惩治。

这些措施的具体办法，今天已不甚清楚，但大体的目标可以想见，就是在一定程度上恢复旧有的土地和等级制度。大约当时社会上已存在着普遍的"僭越"行为，荒地的开垦在逐年增多，农夫占有一点不被政府记录在册的土地，而贵族占有得更多，大贵族则过着豪奢的生活，他们的家臣甚至也享受朝中大夫一般的待遇。子产的改革使从上到下由"僭越"所得的利益面临威胁，引起一片反对之声，但在子皮的支持下，子产还是坚持了下来，最终证明改革的效果还是好的。

从政一年，舆人诵之曰："取我衣冠而褚之，取我田畴而伍之。孰杀子产，吾其与之。"及三年，又诵之曰："我有子弟，子产诲之；我有田畴，子产殖之。子产而死，谁其嗣之？"

（《左传·襄公三十年》）

一说到巩固旧制度，总有“保守”之嫌，说到维护等级制度、抑制僭越，似乎也有束缚人才、阻碍生产力解放的嫌疑。但是需要明白，在普遍崩坏的社会，总有大量擅长“钻空子”的人。他们或是权贵的亲信家奴，或是高官的不肖子弟，或是地方上的无赖儿郎，凭靠着特殊的身份、大胆的投机或无耻的钻营而意外胜出。这些“应劫而生”的“人才”多半不会是质朴的农夫，他们私家利益的积累和个人的成功，给社会带来的也往往是“负贡献”。凡从事实际工作的政治家，首先要考虑国家的急难和民生的疾苦，是不会对这些人和事不做反应的，他们不能像千百年后的旁观者那样超然地讲：这都是历史的必然、进步的代价。历史的洪流永远滚滚向前，没有哪代人能够永生不死，活过之后，好像都是虚空一场。但是，哪一代人没有奋力抓住可以抓住的一切机会，来创造当代幸福、稳定的生活呢？心安理得地把当下国人承受的痛苦、牺牲直接说成是历史必然、进步所需，那是政治家的麻木和失职。

无论如何，子产的目的，是要通过改革来恢复社会秩序和保障农业生产。比如“田有封洫”，由于普查和规划土地而遭受损失最多的，主要还是滥占土地的贵族；又如“庐井有伍”，大约类似于分配居住区段，除了便于日常生产、生活，大概也方便国家征发赋役，防止人力、物力流失于私家手中。良好的秩序促进了生产的发展，同时，子产从朝中大夫下手整治奢侈腐败，也使国家的文教有了很大改观。

子产推行改革一年，有许多人骂他，街头巷尾流传着小调，说："计算我的家产而收费，丈量我的耕地而征税，谁来杀子产，我也助一臂！"（参考沈玉成《左传译文》的翻译）这些人里，有的是感到不便的普通百姓，但一定也不乏遭受各种抑制的既得利益者。

三年后，郑国变样了，流传的小调也跟着变了，人们念诵说："我有子弟，子产教诲；我有田地，子产栽培；子产死了，谁来继位？"（参考沈玉成《左传译文》的翻译）

《左传》通过"舆人"两次"诵"的不同，展现了民意的前后转变，同时也烘托出郑国在子产领导下发生的变化。"舆人"就是"众人"，他们的话就是"舆论"。没有报纸、广播、电视的时代，老百姓有什么意见，编首歌直接唱出来，一传十，十传百，比互联网还方便。

要抑制风靡全社会的奢侈腐败，难免首先拿上层人物开刀。君子之德是风，小人之德是草，下层人的理想、品味和道德表现都是对上层人的模仿，好比风往哪面吹，草就往哪面倒。这样，在反对子产的人里，带头的就是享有最多特权并首先遭到压抑的大贵族。

丰卷将祭，请田焉。弗许，曰："唯君用鲜，众给而已。"子张怒，退而征役。子产奔晋，子皮止之，而逐丰卷。（《左传·襄公三十年》）

丰卷字子张，是"七穆"中丰氏的族人，他仗着自己大贵族的出身，要求为祭祀而打猎。

春秋时代祭祀祖先，惯常要杀牲，祖先享受祭品就叫"血食"，所以就常把某国、某家灭国绝嗣称为"不血食"了。为了祭祀要打猎，丰卷的要求看起来不无道理，但其实也未必。

古时对打猎有许多具体的规定，这里无法一一详说，其主要原则是在农闲时节猎取对农作物有危害的野兽，这样既不影响生产，又有助于农业，还能借有组织的狩猎活动练兵讲武、检阅军备。国君在狩猎活动结束时会统计猎物的多少，像正式打仗一样到宗庙里献功，用优质猎物祭祀祖先，然后参与打猎的人们欢宴庆功，给立功人员奖赏。所以，狩猎又是非常欢乐的大庆典。这样看来，驱车打猎又很成为一桩乐事。

春秋时没有网游，没有境外旅游，豪赌、赛车、KTV 也一概没有，就算是国君，主要的娱乐项目也就奏乐欢宴、驱车打猎等几种，直到孟子的时候，讲起君王的享乐也还是举"钟鼓之声，管籥之音""车马之音，羽旄之美"（《孟子·梁惠王下》）这么两样。所以，丰卷现在要求为祭祀而打猎，未必不是在子产厉禁奢侈的命令下想出的游玩的托辞。如果这次丰卷得到了许可，那么“七穆”以及别家的大贵族，家家有祖先，家家要祭祀，不分时令、兴师动众的游猎活动就将永远没有完结的时候，所以子产绝不允许：“只有国君祭祀时才用新猎杀的动物，一般人只要普通祭品大体够用就行了。”

丰卷也不是好惹的，回家就召集人手。大贵族都有封邑、封田，土地上有农夫、家中有奴仆，武装起来就是军队，他要讨伐子产。子产只好赶紧准备逃走。国内出问题可以到国外政治避难，这属于当时的惯例。一个丰卷就可以让执政者仓皇避难，而如此大闹的理由就是执政者不允许他狩猎，由此，郑国大贵族之强横可见一斑，子产处境的艰难、严酷也可见一斑。

在这个关头，唯一能有效帮助子产的人就是子皮。他一面劝止子产，一面果断驱逐了丰卷，协助子产打开了局面，如此，才能有三年后改革取得的成效。

说起来，七穆之中，“罕、驷、丰同生”（《左传·襄公三十年》子皮语），这三族的祖先子罕、子驷、子丰是一母所生。也就是说，其实，子皮和丰卷的亲属关系更近。在伯有之乱中，这三族就是共同抵制伯有出身的“良族”（七穆中子良的后代）的。现在，为了治理好郑国，子皮站在子产一边，而驱逐了丰卷，这种公正是可贵的。郑国“族大宠多”的问题，因此算是得到了抑制。

同时，子产也很注意工作的方法，注意适度的妥协。虽然丰卷逃到晋国去了，子产还是在郑国保留着属于丰卷家族的土地，不去没收它。这样，便不会使丰卷断绝回国的希望从而变成郑国和子产的死敌，也不会使国内的大量贵族感到过度恐慌和绝望。等过了三年，丰卷回到国内，子产便将他的封地，连同这三年封地上的收获都还给了他。务实和克制，也是子产改革能够取得成效的原因。

子产之从政也，择能而使之。冯简子能断大事；子大叔美秀而文；公孙挥能知四国之为，而辨于其大夫之族姓、班位、贵贱、能否，而又善为辞令；裨谌能谋，谋于野则获，谋于邑则否。郑国将有诸侯之事，子产乃问四国之为于子羽，且使多为辞令；与裨谌乘以适野，使谋可否；而告冯简子使断之；事成，乃授子大叔使行之，以应对宾客，是以鲜有败事。（《左传·襄公三十一年》）

在子皮的支持下，子产工作起来得心应手。在用人上，子产既有眼光，又有很大的自由，于是选择能人组成了一个优秀的外交班子，专门解决郑国“国小而偪”的难题。

冯简子的具体事迹不详，《左传》中仅出现这一次。“能断大事”是很有政治天赋的表示，判断力强，大方向看得准，而且性格果敢，能迅速做出决断。

子太叔（游吉）仪表不俗，举止高雅，文化素养也高。“美秀而文”的“文”，不仅是文学素养，更是政治素养，在外交场合极为重要。孔子说“不学诗，无以言”，那时候的君子开“国际”会议，都是你一句诗、我一句诗，有来有往。必须熟习诗歌，才能听懂别人的真实意图；又要能灵活运用，才能贴切地表达出自己的意图。子太叔就是赋诗言志的能手，所以说他“文”。这个人还非常有亲和力，他曾经到晋国访问，和晋国的大夫张趯很谈得来。下次郑国派人出访晋国，没有派他去，去的是地位更高的子皮。张趯便派人带话给他：“自从您回国后，在下便打扫寒舍，心想：您又要来了。如今来的却是子皮，在下感到很失望啊。”子太叔就是这样一位人气高的外交家。

公孙挥（子羽）见多识广，了解各国的政令施为，而且对各国政要的家族世系，每个人在朝中位次排第几，他们在政治上的影响力大小，他们个人的素质和性格特点等，他都了解得清清楚楚。并且，公孙挥还善于组织外交辞令。

禆谌大概是个思维极严密的人，性格审慎好静，让他在野外安静思考，他能够发现很多别人注意不到的问题，但一到热闹地方就犯晕。

一旦郑国要与诸侯打交道，子产就先向子羽了解四方国家的情况，这是基本的情报工作。然后让他准备多套应对的辞令，以备选用。然后，子产与裨谌乘车去野外，让他考虑各种措施是否可行。接着，再把结果告诉冯简子，最终采取哪套方案，让他来拿主意。一切计划完成，就交给子太叔去执行，与宾客周旋应对。这样，郑国在外交上就很少出现失误。

冯简子的天赋、子太叔的素养、公孙挥的见闻和裨谌的智谋，都充分地为子产所用，几个人齐心协力，在维护郑国安全上发挥的作用，不亚于一支有几百辆战车的军队。

这支班子在当时大概声誉相当高，子产主政时孔子不到十岁，过了几十年，孔子对学生讲起郑国的政治时，还是如数家珍："为命，裨谌草创之，世叔讨论之，行人子羽修饰之，东里子产润色之。"（参见《论语·宪问》）这句话是说郑国制定政令时，裨谌负责撰写初稿；世叔即子太叔负责初稿的审阅加工；行人子羽（公孙挥，字子羽，行人是他的官职，是负责外交的官）负责再次加工，尤其是修饰辞令，政府文件政令的措辞需要拿捏分寸的；子产家住在"东里"，故称"东里子产"，他负责最后的润色。四个人中，除冯简子外，其他三人都提到了。可能这个外交班子在内政上也是子产的帮手。

子皮任用子产，子产再任用冯简子、子太叔、公孙挥、裨谌，郑国就变了样。以子皮的水平，没有办法发现和充分利用冯简子、子太叔、公孙挥、裨谌几人的才华。但子皮能任用子产，只要充分尊重、支持他，他需要什么样的人才，自然会把他们找出来。领导者只要有举贤任能的诚意，不怀私心，真心尊重、信任自己所了解的贤才，其他贤才也自会脱颖而出。差不多五十年以后，孔子的学生仲弓作季氏宰（给季桓子作家宰），他问老师："焉知贤才而举之？"一个人认识的人有限，我怎样可能把贤才都找出来提拔起来呢？孔子答得很简单："举尔所知，尔所不知，人其舍诸？"（《论语·子路》）你举荐自己知道的贤才就行，你不知道的贤才，别人自然会提拔举荐的。难道别人会舍弃他们吗？只要当政者打心眼儿里尊重人才，从他自己开始倡导的用人风气是端正的，那么，人才就有上升的通道，下面的官员也会不断往上推荐人才。怕的是领导人只想作个尊重人才的姿态，图的是礼贤下士的虚名，拿"人才"给自己装点门面，或者打着提拔人才的旗号提拔自己的亲信，那么下面的官员很快会看清领导人真正想要的是什么，供应上去的也就都是徒有虚名的摆设，真正人才上升的道路也就此阻绝了。

子产能在郑国发挥大的作用，子皮功不可没，但子皮用人也不是每次都对。丰卷和子产有矛盾，子皮可以支持子产，赶走丰卷，可当他自己和子产意见不同时，又会怎样呢？

子皮欲使尹何为邑。子产曰："少，未知可否。"子皮曰："愿，吾爱之，不吾叛也。使夫往而学焉，夫亦愈知治矣。"子产曰："不可。人之爱人，求利之也。今吾子爱人则以政，犹未能操刀而使割也，其伤实多。子之爱人，伤之而已，其谁敢求爱于子？子于郑国，栋也。栋折榱崩，侨将厌焉，敢不尽言？子有美锦，不使人学制焉。大官大邑，身之所庇也，而使学者制焉，其为美锦不亦多乎？侨闻学而后入政，未闻以政学者也。若果行此，必有所害。譬如田猎，射御贯，则能获禽，若未尝登车射御，则败绩厌覆是惧，何暇思获？”子皮曰：“善哉！虎不敏。吾闻君子务知大者远者，小人务知小者近者。我，小人也。衣服附在吾身，我知而慎之；大官大邑所以庇身也，我远而慢之。微子之言，吾不知也。他日我曰：‘子为郑国，我为吾家，以庇焉，其可也。’今而后知不足。自今，请虽吾家，听子而行。”子产曰：“人心之不同如其面焉，吾岂敢谓子面如吾面乎？抑心所谓危，亦以告也。”子皮以为忠，故委政焉，子产是以能为郑国。（《左传·襄公三十一年》）

子皮欲使尹何为邑。子产曰：“少，未知可否。”子皮曰：“愿，吾爱之，不吾叛也。使夫往而学焉，夫亦愈知治矣。”

子产接手郑国政事刚一年，就发生了这件事。尹何是子皮的家臣，子皮想派他去治理自己家的封邑。这属于子皮的家事，看起来子产也可以不管的，或者说子产本来不该管。但子产觉得用这个人不太妥当，因为他很年轻，大概不足以在一个地方独立负责：“他年纪太轻了，不知道行不行。”

子皮就讲自己的理由：这位小同志的优点是“愿”。《说文》：“愿，谨也”，就是老实、谨慎。因为他忠厚老实，子皮很喜欢他。人老实就不会背叛，“不吾叛也”。没能力没经验不要紧，听话就是优点，领导一般都喜欢用老实人。

当然，看着老实也未必真是老实人。孔子晚于子皮三四十年，就说当时社会上的人“狂而不直，侗而不愿，悾悾而不信”（《论语 · 泰伯》），表面狂放不羁，到处称兄道弟、不讲规则，实际心里弯弯曲曲，并不坦率；看起来笨头笨脑，其实并不老实，心里揣的总是投机取巧的想法；本来无知无识，却并不诚实，毫无信用。这就是当时的时代景象，社会衰败，民风浇薄，连个老实人都不好找。子皮觉得自己好不容易找着个老实人，虽然年轻，但是信得过。

再有，子皮觉得当个官也不是什么难事，用王熙凤的话说“没吃过猪肉，也看见过猪跑”。“使夫往而学焉，夫亦愈知治矣”，到基层挂个职锻炼锻炼，当官嘛，当着当着就会当了。子皮这个态度，跟孔子不一样，跟《左传》的作者不一样，跟子产也不一样。

子产曰："不可。人之爱人，求利之也。今吾子爱人则以政，犹未能操刀而使割也，其伤实多。子之爱人，伤之而已，其谁敢求爱于子？子于郑国，栋也。栋折榱崩，侨将厌焉，敢不尽言？子有美锦，不使人学制焉。大官大邑，身之所庇也，而使学者制焉，其为美锦不亦多乎？侨闻学而后入政，未闻以政学者也。若果行此，必有所害。譬如田猎，射御贯，则能获禽，若未尝登车射御，则败绩厌覆是惧，何暇思获？"

子产说："不行。别人喜爱一个人，就要让被喜爱者受益。现在您喜爱这个人，却把政事交给他，让他当官。这就好比一个人还不知怎么拿刀，你就让他去切东西，这多半会让他自己受伤的。您喜爱一个人，就会让他受伤害，那谁还敢被您喜爱呢？您对于郑国来说，好比房子的栋梁。要是栋梁折断，椽子就会崩散，房子就得散架，那我也会被压在底下了，既然这样，我怎么敢不把我知道的都如实对您讲呢？假设您有上好的锦，定然不会让人用来学裁衣服。重要的官职、大的城邑，这是您身命的依托呀，却让初学者拿去练习治理，它们比美锦不是珍贵得多吗？我听说要先学习然后从政，没听说过拿从政当学习的。要是这么做，必定会有危害。好比打猎，对射箭、驾车都技巧娴熟了，就能打到禽、兽；如果没驾过车、没射过箭，那担心撞车、翻车都来不及，还哪顾得上捕捉猎物？"

子产的话语重心长，因为这里面关系到的问题很重大。

喜欢一个人，一定要给他官做吗？人们爱做官，是把做官当成一种利益，让谁当官，等于分配利益给他。如果说当官就只是责任，就没有人愿意当了。然而，官职总离不开相应的责任，在腐败最横行无忌的时代也总有人因为渎职、贪污和无能而身败名裂。让不称职的人当官，其实是创造条件让他犯错误，不是为他好。

可是，尹何是子皮的家臣，让他管的邑也是子皮的私邑，他管不好，只要子皮不追究他，不就行了吗？为什么子产还要管？

子产又对子皮讲：他管不好，有了损失，不是他一个人承担得了的，需要你子皮来替他埋单；再进一步讲，你子皮是郑国的上卿，国家的支柱，你如果倒台了，我子产也没法干了，这个损失需要郑国来埋单。

"大官大邑，身之所庇也"，子皮这样的大贵族，他的收入主要来自封邑，他的私家武装也来自封邑，封邑是他家族实力的根基。当时的郑国权贵横行，七穆争权，如果封邑破产，家族的实力也会下降，子皮的地位也就危险了，他所支持的子产也危险了。所以，好布料不能让人用来学裁缝，重要岗位不能让小同志实习。子产深知利害，又善用譬喻，子皮听了深有触动，甚至可以说吓了一大跳。

子产讲"侨闻学而后入政，未闻以政学者也"，从政需要学习，从政不能代替学习。当年苏格拉底也是教有政治热情的青年怎样从政、怎样管理，光有政治热情是不够的。（参见色诺芬《回忆苏格拉底》）子产的态度跟后来的孔子一致，孔子的学生子夏也讲“学而优则仕”，这就是来自孔子的教导。巧合的是，孔子后来也遇到一个与子皮和子产的对话非常类似的情景：

> “子路使子羔为费宰。子曰：‘贼夫人之子。’子路曰：‘有民人焉，有社稷焉，何必读书，然后为学？’子曰：‘是故恶夫佞者。’”（《论语·先进》）

子路是孔子早年的弟子，官当得比较大，当过鲁国季氏宰。他推荐子羔（子羔是高柴的字）当官，这是提拔小师弟。费邑也是个大邑，是鲁国最有权势的季氏祖先留下的家族“根据地”。“费宰”，就是费邑的长官，子路让高柴当“费宰”，就和子皮让尹何“为邑”意思相当。

子路作季氏宰的时间，是在孔子堕三都（公元前498年）和周游列国（前497年）之前，此时孔子约54岁。据《史记·仲尼弟子列传》，高柴小孔子三十岁。（若据《孔子家语》，高柴小孔子四十多岁，不大可信）这么算下来，当时子羔也很年轻，二十多岁，和尹何状况也差不多。另外，孔子说过“柴也愚”（《论语·先进》），说高柴这孩子比较笨，可能子路提拔高柴的出发点也和子皮接近，觉得这是位忠厚老实的好同志。孔子知道了这件事，说的话跟子产一样：“你这是害人家孩子呀。”（“贼夫人之子”，“贼”意为“害”）子路不服气：“手下有老百姓，有办公机关（“社稷”是土神、谷神，是祭祀之处，这是权力组织的象征），干着干着就会了，为什么非要专门学，然后才能从政？”孔子劈头就骂：“我就烦你这强词夺理的劲儿！”（“是故恶夫佞者”，“佞”是能言善辩）对学习和从政的关系，子路的观点和子皮也一样，只是孔子的应对跟子产不同，因为孔子是说学生，可以直接骂，子产是对上级，只好苦口婆心地劝。不过，子路的反问“何必读书，然后为学”，就暗示了老师平时的教诲，即师生共知的对话前提：从政需要先学习，需要先读古代文献，学习治国之道。可见，在这个问题上孔子和子产观点一致。

子皮曰：“善哉！虎不敏。吾闻君子务知大者远者，小人务知小者近者。我，小人也。衣服附在吾身，我知而慎之；大官大邑所以庇身也，我远而慢之。微子之言，吾不知也。他日我曰：‘子为郑国，我为吾家，以庇焉，其可也。’今而后知不足。自今请，虽吾家，听子而行。”子产曰：“人心之不同如其面焉，吾岂敢谓子面如吾面乎？抑心所谓危，亦以告也。”子皮以为忠，故委政焉，子产是以能为郑国。

子皮听了子产的话，心悦诚服：“您说得好极了！是我考虑不周。我听说君子关心重大深远的事，小人只注意眼前小事。我真是一个小人！衣服穿在我身上，我心里有它、知道慎重对待它；大官和大邑，是我身命的依托，我却疏忽而轻视它。要不是您说了，我还不知道呢！以前我说由您来治理郑国，我管好我的家族来庇护自己，这差不多就可以了。从今以后我知道这样做还不够。从现在起我请求，即使是我家族里的事，也遵照您的安排而行。”子产说：“人的想法各不相同，就好像各有各的面孔，我怎敢要求您的面貌完全和我一样呢？只是我心里觉得有危险，也就如实告诉您罢了。”子皮认为子产是个忠实的人，所以把政事完全委托他，子产也因此能够有效地治理郑国。

人从来不犯错不可能，可贵在能听进别人讲话，能接受批评。子产批评他的家族事务，子皮不但不以为忤，反而心悦诚服，而且丝毫不为自己找借口，不文过饰非。

子皮说“吾闻君子务知大者远者，小人务知小者近者。我，小人也”，这是深刻的自我检讨。君子、小人是两个相对概念，作为身份讲时很简单，有权有位的贵族是君子，平民是小人；作为道德讲时很复杂，两种人的资质不同，关怀不同，行为标准不同，人生追求不同，等等。这里，子皮讲的就是后者，即道德上的君子、小人。子皮敢承认：我自己这素质，明显是个“小人”啊。

子皮引用了一种区别君子、小人的标准，就是看一个人注意力放在什么东西上。“务”就是“致力于”，“务知”就是“致力于了解”或“一门心思想知道”，也就是“关注”“关心”。君子关注远大的事；小人关注身边事，与自己的利益直接相关的事（“近者”）或者较为局部或琐碎的事（“小者”），比如说可能普遍关心找工作、买房子，或者什么东西涨价了。其实，这些事君子也不是一点不关心，甚至也很重视，但君子不仅仅关心这些，君子更要追问“人为什么活着”“人怎么样才算是幸福”“什么是对，什么是错”等问题。

子皮认为自己目光太短浅，就像子产说的那样，给他一匹新缎子，他不会给人家去乱裁；给他座城邑，他却让没有经验的人去乱搞。以他的见识，他能看出极浅显的因果关系，却看不出复杂深远的因果关系，比如一个举措对国家兴亡的影响，一个习惯对人命运的决定作用，等等。所以，子皮批评自己是小人。

子产的态度很柔和，他说：“人心之不同如其面焉，吾岂敢谓子面如吾面乎？”意思是说：没有您说的这么严重，我们只是想法不同，每个人有每个人的想法，就好比大家的脸都各不相同，您别把这种不同当成君子与小人的区别那么严重。因为子皮对自己的批评很重，所以子产这样回答他：我们只是观点不同，没有绝对的优劣之分。

其实，自知并且承认自己是小人，反而可能是君子或有可能成为君子。像子皮这样严厉地自我批评，大多数人是舍不得对自己这么做的，或者一般人无法对自己认识清楚到这种程度。从地位上讲，子皮是贵族，掌管国家，无疑是君子。从行动和为人上看，他能够信任、支持子产，虚心接受批评，严肃审视自我，实际是比较合格的君子。正像子产说的，子皮好比是郑国的房梁和柱子，他的行为、品德，不仅关系到他一个人的荣辱安危，还关系到郑国的安全和百姓的命运，所以，在君子位置上的人，的确应该具有堪为君子的品德和素质，否则，造成的损失不是某一两个人能承担的。

子皮把子产的直言不讳看成是为人忠实的表现，“委政”于子产，将政事的决定权完全交托给他。就是子皮这种无私和雅量成就了子产，也帮助了郑国。当然，这也成就了子皮自己的威望。公元前 529 年，子皮逝世，当时子产还在出差归国的途中，听到这个消息便痛哭起来：“我到头啦！没有人助我做好事了！只有他老人家是了解我的。”（参见《左传·昭公十三年》）古人说“千羊之皮不如一狐之腋”，任何一个高高在上的领导人，耳边从来都不会缺少颂扬和谄媚的声音，但是总不如子皮的一生这等荣耀，生前为贤者晏婴所景仰，死后为良相子产所哀悼。

第十一讲

小赂膊拧大腿——郑国商人与晋国首相之争

士、农、工、商，合起来叫“四民”。在传统中国，人们长期用它来划分平民的职业分层，直至近代。新民主主义革命时期有“工农兵学商”（比如1947年10月10日《双十宣言》。社会主义改造完成之后又叫“工农商学兵”了），去掉了士，多了兵和学。其实古代的“士”是武士加文士，士的含义是受教育最充分的阶层，既学驾车、射箭，也学音乐、礼仪，开始本来无分文武，就是国家的保卫者。学生上学校，士兵念“革命大学”，都是受教育——“兵”和“学”加在一起倒勉强可以和古代的“士”对应，可见社会的基本构成在变中有不变的地方。最醒目的变化是顺序改了，工排第一，农排第二，因为新中国是工人阶级领导的以工农联盟为基础的社会主义国家。两种排序，哪种都有商，都把商排工、农后面。据顾炎武考证，“四民”最早出自《管子·小匡》，“士农工商四民者，国之石，民也”，讲这四类人是社会的柱石。《管子》是记述齐国名相管仲及管仲学派思想的著作，成书于战国。参照《左传》所提供的材料，则最迟在春秋时代商业已经相当发达，商人已与农、工分立，成为独立的职业和阶层。

郑国位于中原腹地，南有陈、楚，北有晋、卫，东接曹、宋，向西则临近周王室，这种地理特征非常适宜于商业的发展，而郑国统治阶层在立国之初便与商人结盟，互相依存，因此，商业和商人在郑国受重视的程度远超过其他各国。《左传》中有几件与商人相关的著名事件，主人公都是郑国人，这并非偶然。

春秋后期，郑国在晋、楚二国的反复争夺和挤压下，已然沦为弱国，而郑国的一介商人却抵挡住晋国上卿的压力，保住了自己的财产。

宣子有环，其一在郑商。宣子谒诸郑伯。子产弗与，曰："非官府之守器也，寡君不知。"子大叔、子羽谓子产曰："韩子亦无几求，晋国亦未可以贰。晋国、韩子不可偷也。若属有谗人交斗其间，鬼神而助之，以兴其凶怒，悔之何及？吾子何爱于一环，其以取憎于大国也？盍求而与之？"子产曰："吾非偷晋而有二心，将终事之，是以弗与，忠信故也。侨闻君子非无贿之难，立而无令名之患。侨闻为国非不能事大字小之难，无礼以定其位之患。夫大国之人令于小国，而皆获其求，将何以给之？一共一否，为罪滋大。大国之求，无礼以斥之，何餍之有？吾且为鄙邑，则失位矣。若韩子奉命以使，而求玉焉，贪淫甚矣，独非罪乎？出一玉以起二罪，吾又失位，韩子成贪，将焉用之？且吾以玉贾罪，不亦锐乎？”

韩子买诸贾人，既成贾矣。商人曰：“必告君大夫！”韩子请诸子产曰：“日起请夫环，执政弗义，弗敢复也。今买诸商人，商人曰‘必以闻’，敢以为请。”子产对曰：“昔我先君桓公与商人皆出自周，庸次比耦以艾杀此地，斩之蓬蒿藜藋，而共处之；世有盟誓，以相信也，曰：‘尔无我叛，我无强贾，毋或匄夺。尔有利市宝贿，我勿与知。’恃此质誓，故能相保，以至于今。今吾子以好来辱，而谓敝邑强夺商人，是教敝邑背盟誓也，毋乃不可乎！吾子得玉，而失诸侯，必不为也。若大国令，而共无艺，郑鄙邑也，亦弗为也。侨若献玉，不知所成。敢私布之。”韩子辞玉，曰：“起不敏，敢求玉以徼二罪？敢辞之。”（《左传·昭公十六年》）

宣子有环，其一在郑商。宣子谒诸郑伯。

此事发生于鲁昭公十六年（公元前 526 年）。“宣子”是韩宣子，名起，谥宣。韩宣子于公元前 541 年开始任晋国的上卿，放在今天，等于是世界第一超级大国的首相。

韩宣子家有一套玉环，其中有一块在一位郑国商人手里。

“环”是一种玉器，其形状我们容易想象。《尔雅·释器》：“肉倍好谓之璧，好倍肉谓之瑗，肉好若一谓之环。”“肉”是周圈有玉的部分，“好”是中间的孔。孔径和玉宽相等，就叫环。

韩宣子家里这个“环”，跟我们的想象和《尔雅》的描述略有不同。“有环”意思好像是说“有一只环”，可是又说“其一”在郑国商人那里，则又似乎是若干只环。王国维据此认为，此环“非一玉所成”，而是若干片玉共同拼成一个圆周。（参见《观堂集林》卷三，《释环玦》）这样，若少了其中一片，环则不完整。

晋国上卿家里缺少的一片玉，原来流落到了郑国商人的手里。商人在那时主要是掌握许多奇珍异宝等贵重物品的阶层。人的生活首先需要吃、穿，但生活必需品，比如粮食之类的，却是很晚才成为商品的。比如有一年晋平公逝世，郑国的子皮带了一百车的财物、礼品前去吊丧，光押车的就需要一千人，队伍浩浩荡荡从郑都新郑出发去晋都绛。到了之后得不到接见，一千人要吃要用，耽搁了一阵又折返回郑国，此时那一百车财物、礼品被花费得精光了。这事就发生在韩宣子来郑之前六年，因此，古时交通十分不便，像粮食、柴禾这样体积大、价值低的东西，并不值得长途贩卖。所以，那时的商人，主要是贩卖贵族需要的珠、玉、皮革等奢侈品，这些东西价值高、体积小，容易保存、携带，而生活必需品则主要靠一个家庭或一个地方的自给自足。

“宣子谒诸郑伯”，“谒”此处是“请”的意思，即请求、求取；“诸”是“之于”的合音字，即“宣子请之于郑伯”，“之”即指韩宣子少掉的那一片玉。韩宣子心疼自己的玉环不全，所以趁访问的机会跟郑国的国君要。

这时候的郑国已经相当弱小，总是非常严谨有礼地侍奉着晋、楚两个大国。韩宣子以一个超级大国首相的身份，要求得小国商人手中的一块玉，想来应该不难。

子产弗与，曰：“非官府之守器也，寡君不知。”子大叔、子羽谓子产曰：“韩子亦无几求，晋国亦未可以贰。晋国、韩子不可偷也。若属有谗人交斗其间，鬼神而助之，以兴其凶怒，悔之何及？吾子何爱于一环，其以取憎于大国也？盍求而与之？”

当时子产正在作郑国的执政，一口回绝了韩宣子的要求：“这不是归公家府库保管的东西，我们国君不知道，也从不会过问这种事。”“府”是今天说的仓库，但古时的“仓”和“库”又跟今天的“仓库”不一样，各有具体所指：“仓”是象形字，指粮仓；“库”是会意字，指兵车库、武库。“府”里装的是文书档案和财货珍宝，“官府”是公家收藏财货、文书的地方。

“子大叔”就是“子太叔”，“大”古同“太”，古文中常见，如“太子”与“大子”，“太牢”与“大牢”。子太叔又称游吉，子羽即公孙挥，他们是子产的得力助手，平时子产常与他们商议政事。二人怕子产要得罪大国的高官，竭力劝他：“韩子又没有太多的要求，而且咱们郑国对晋国也不可三心二意呀。晋国、韩子都是怠慢不得的！”“无几求”，没有多少要求。“偷”，苟且、随便，此处指轻慢。

他们觉得，韩宣子的要求无非是一块玉，郑国又不是弄不来，若回绝了，怕会在两国之间造成嫌隙：“万一不巧（“属”，正当、适逢）有奸邪之人在两国中间挑拨（“交斗”，来回挑拨），万一鬼神又推波助澜，鬼使神差地惹恼了韩子，进而得罪了晋国，再要后悔哪还来得及？您何苦吝惜一块玉环，为这惹得大国不爽呢？何不去找来给他？”

那时，列国都是卿相掌权。得罪大国的卿相，就会影响邦交，这直接关系到小国的存亡。比如鲁定公时，蔡昭侯做了两件裘皮大衣、两块玉佩，带着去楚国。他把一件大衣、一块玉佩送给楚昭王。楚昭王穿戴好了，就设宴款待他。他自己穿着另一件皮衣、戴着另一块玉佩来赴宴。这表示两君欢好，多和谐的事儿！

不料楚国的令尹囊瓦看上这两件好东西了，公开索贿。蔡昭侯不给，囊瓦就滥用职权，把蔡昭侯一扣就是三年，不许他回国。大约也不是武力扣留，就是各种办公程序无限延宕，业务怎么办都办不完，手续怎么等都审批不下来……蔡国君臣三年后终于悟出来原因了，于是立即奉上皮衣和玉佩。第二天令尹囊瓦一上朝，见了蔡侯的随行人员，立即当着他们的面关照楚国的外事部门："蔡侯在楚国耽搁了这么久，全是因为你们这些人行政效率太低，到明天要是外交程序还走不完，你们就都别想活了。"于是乎三年办不完的手续，一夜之间就搞定了。

至于蔡昭侯怒气填胸，发誓再不过汉水以南来，又上蹿下跳联络诸侯伐楚，那是后话，可不去提它。我们从这个故事中确实看到的是当时大国上卿、首相在"国际"关系中的角色举足轻重。他们翻手为云、覆手为雨，足可干预小国的命运。而且，他们这些人中也确已有了仗势欺人和徇私舞弊的风气。难怪子太叔和子羽会这么担心了。

有了鸦片战争以来的历史经验，我们今天的中国人对子太叔和子羽的心态，应该是更容易理解的。照理说，本国的商人无论如何应该比外国国务卿好对付些，找来谈谈话，劝他为了祖国牺牲点小我利益，大不了国家给点补偿，不怕他不交出玉来。

子产曰："吾非偷晋而有贰心，将终事之，是以弗与，忠信故也。侨闻君子非无贿之难，立而无令名之患。侨闻为国非不能事大字小之难，无礼以定其位之患。夫大国之人令于小国，而皆获其求，将何以给之？一共一否，为罪滋大。大国之求，无礼以斥之，何餍之有？吾且为鄙邑，则失位矣。若韩子奉命以使，而求玉焉，贪淫甚矣，独非罪乎？出一玉以起贰罪，吾又失位，韩子成贪，将焉用之？且吾以玉贾罪，不亦锐乎？”

子产坚决不答应：“我不是因为怠慢晋国和对他们不忠实才不给他弄这块玉来，恰恰相反，正是因为我打算始终跟他们保持友好关系，所以才不给他呀。”这是什么道理？

对方是大国，论实力，有绝对优势，与强国交往，如何才能维持长期和平？如何维护本国的安全和利益？很难，“弱国无外交”。放在一般人，只好选择让步，割地赔款，暂时创造一点生存空间。但是，只要有强国就有弱国，“综合国力”没有绝对对等的时候，“外交”本来就是在实力不平衡的情况下的互相博弈，争取“国际”地位和生存机会的相对平衡。春秋时代礼崩乐坏，王纲失坠，大国争霸，各国间两极分化严重，有意思的是，军事上够不上大国的，反而往往成为“外交大国”，都说“弱国无外交”，于夹缝中生存的郑国恰恰产生了最卓越的外交家，子产就是一个。在子产看来，这晋国国务卿和郑国商人之争背后是两个国家的较量，是两个国家间交往模式的选择，这尤其关系到郑国的生存。所以，坚决不能含糊！

他就跟同僚们讲道理："我不随随便便什么都答应他们，这就是'忠信'呀，就是忠实于晋、郑的友好邦交。为什么？因为这件事一做，郑国和韩宣子就都犯错误了。我听说君子不愁没有财富，就怕在位而没有好声誉。我还听说治理国家不愁不能侍奉大国、安抚小国，就怕没法依礼来安定自身、谨守位置和在'国际'上立稳脚跟。大国的人号令小国，要是样样都满足他，小国拿什么来源源不断地给他？这回给了，下回没给，获得的罪过就更大了。大国的索求，若不依礼驳回，他们哪有满足的时候？那样我们就要沦为大国的边境城邑了，就失去了自己国家的独立地位。如果韩子奉君命出使，却来索要玉环，也贪婪得太过分了，这难道就不是罪过吗？拿出一块玉却引起两项罪过，我国失去地位，韩子得一个'贪婪'的名声，这有什么好处？而我们拿出宝玉换来罪过，这不是太不值得了吗？"

《左传》中常有大段议论、演说或辩论，初学者受古汉语字法、词法的牵制，往往无暇注意说话者的理论和章法，下面仔细梳理子产的话，并用图表揭示其结构。

子产讲：正是为了和平友好，所以才不能违背原则，即所谓坚持"忠信"。接下来他讲了两个道理，用两个"侨闻"领起。"侨"是子产自称，他叫公孙侨，字子产。古人以称字为尊重，对别人不能指名道姓，要称人家的字，对自己、晚辈、下级则称名。"侨闻"，"我听说"，下文是引用古代遗训，但"君子非无贿之难，立而无令名之患”、“为国非不能事大字小之难，无礼以定其位之患”这两句话不像谚语、古语那样简练浓缩，应该是转述前人的话，而非直接引用。春秋时代，文化上已有相当的积累，《左传》里的君子们讨论问题有引经据典的习惯，拍脑袋想新名词儿不行，那会“言之无文，行而不远”。

“侨闻君子非无贿之难，立而无令名之患。侨闻为国非不能事大字小之难，无礼以定其位之患”。“……之难”“……之患”，是倒装，就是“难……”“患……”，是“担心……”“害怕……”的意思。子产讲了两条：一、领导干部不应该爱钱（贿：财货），而要有荣誉感；二、治理国家（“为国”）不用天天把承担“国际”义务挂嘴上（“事大字小”，侍奉大国，爱护小国。“字”，爱），把自己管好最重要，要处处行得正、走得端，才能巩固本国的独立地位，“国际”义务自然能够履行。这两条，前一条是说韩宣子，后一条是说郑国。然后就事论事：郑国是小国，放弃原则、不顾礼法一味满足大国的要求，没有好结果；韩宣子是大臣，出公差来郑国，借机给自己讨玉环，这叫腐败。所以子产说“一玉以起二罪”，如果拿出这块玉，韩宣子和郑国就各犯一罪，因此必须坚决制止，这就是“忠信”，也是维护与大国的友好交往之道。

《左传》中说理的言辞很有特色，一种常见的模式是先引古语常言，然后应用于当下事件的分析，最后得出结论，往往几条道理或几个方面同时论述，交织并行，而仍然有条不紊，非常简练工整。子产的话一共七句，图示如下（句首数字表示行文顺序）：

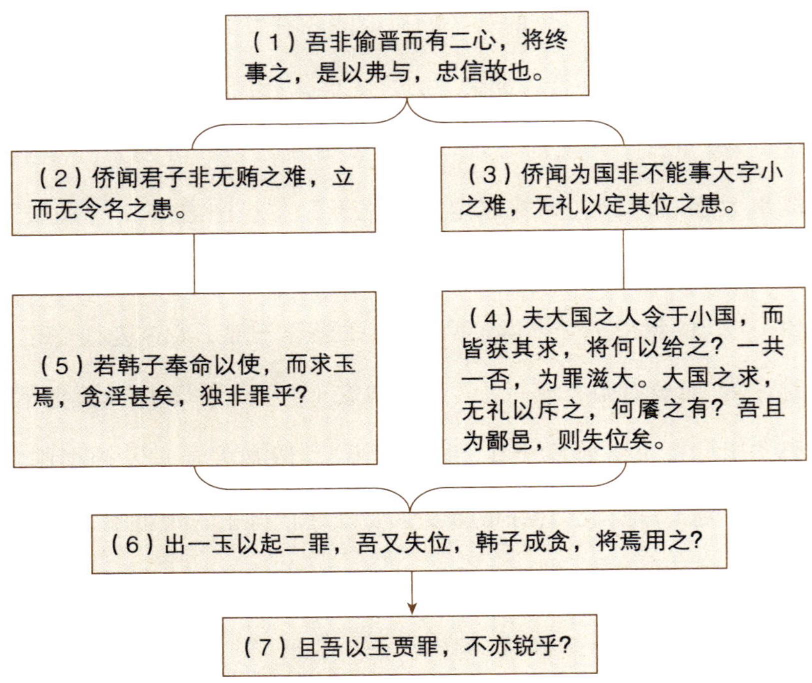

句（1）点明态度；（2）（3）引述前人经验，讲道理；（4）（5）分析具体事件的性质；（6）做出结论，句（6）中“吾又失位”照应句（2）和句（5），“韩子成贪”照应句（3）和句（4）；第（7）句总括前文的分析，重申自己的态度。句（1）与句（7）互相扣合，句（2）与句（5）、句（3）与句（4）分别互相照应，工整对称，而又为句（6）所收束总结。

韩子买诸贾人，既成贾矣。商人曰："必告君大夫！"韩子请诸子产曰："日起请夫环，执政弗义，弗敢复也。今买诸商人，商人曰'必以闻'，敢以为请。"

韩宣子执着得很，子产拒绝用国家力量帮他讨回玉环，他不甘心，绕过郑国政府，直接找那位商人。从表面看，这可是私人交易，但这样的交易难说公平，人家是超级大国国务卿，商人敢不给面子？只好成交。但是商人有个条件：这笔买卖要上报国家。前人猜测，可能当时贵重物品出口也有管制，需要国家批准，但是也未必，也可能只是对这笔交易心存不满，期待国家的调停。商人的要求，表明他特别有国家意识，相信政府，倚靠政府，该上报就上报。

商人在当时是平民，换句话说，属于"小人"，对国家安全之类国家大事不负什么特殊责任，不同于"君子"。但郑国商人是政治意识较早觉醒的一群，非常关心国家的命运，并且极具政治敏感。

鲁僖公三十三年，秦国人打算偷袭郑国。秦军已经过了成周（河南洛阳），行军至滑国，马上逼近郑都新郑，这时迎面遇上出门做生意的郑国商人弦高。弦高一发现这支队伍，当机立断，一面派人疾速回国都告警，一面拿出四张熟牛皮和十二头牛作礼品，冒充郑国使者来到秦军中表示慰问："寡君听说贵军将从敝国经过，斗胆来慰问犒劳您的麾下。敝国不算富裕，但贵军若留宿，我们提供一日的粮食；贵军若开拔，我们提供一夜的保卫。”他的劳军行动完全合乎当时的外交礼节，措辞客气而又不卑不亢，言下之意更向秦人暗示：郑国已经掌握了秦人的军事动向，国内早已有所准备。秦军真的被迷惑了，只好停止进军，取消了攻打郑国的计划。（参见《左传·僖公三十三年》）

为国家慷慨疏财固然是可贵的精神，而随时随地考虑到国家的安危，对偶遇的军队能准确判断其动向并做出恰当处置，却更见非凡的素质。郑国商人对外交礼仪的熟习、对政治的敏感、对国事的关注以及义不容辞的担当，不能不给人留下深刻的印象。这从一个侧面也反映了郑国的商人阶层与国家和社会之间的特殊依赖关系。这次碰上晋国上卿上门买玉，商人自己没办法，于是放心把球传给政府，相信国君和执政会有合适的处置。

韩子不再要求国君、执政出面给他要玉，而是自己私下购买，等于已经是让了一步。所以，他找到子产：“日前我请求那块玉环，执政认为不合理，我就不敢再提了。现在我从商人那里买它，商人说一定要让您知道此事，谨此请求批准这笔交易。”话说得很客气，但他有他的预期，就是大概这回子产总不会不同意了，多少也该给自己一点儿面子。

子产如果足够聪明，完全可以睁一只眼闭一只眼，做个顺水人情，批准这桩买卖，这样，韩宣子也满意了，商人自己答应过成交的，也说不出什么，别人也不能批评政府强买强卖，郑国和晋国可以就此“双赢”。可是，子产究竟会如何决定呢？他又该如何说明理由，使当事人心悦诚服？这是一项政治任务。

子产对曰：“昔我先君桓公与商人皆出自周，庸次比耦以艾杀此地，斩之蓬蒿藜藋，而共处之；世有盟誓，以相信也，曰：‘尔无我叛，我无强贾，毋或匄夺。尔有利市宝贿，我勿与知。’恃此质誓，故能相保，以至于今。今吾子以好来辱，而谓敝邑强夺商人，是教敝邑背盟誓也，毋乃不可乎！吾子得玉，而失诸侯，必不为也。若大国令，而共无艺，郑鄙邑也，亦弗为也。侨若献玉，不知所成。敢私布之。”韩子辞玉，曰：“起不敏，敢求玉以徼二罪？敢辞之。”

子产终究不答应韩宣子的要求，但他不得不对此有所解释，否则，会使晋、郑两国关系恶化。

子产首先从本国传统说起，传统提供了合法性。“昔日我们先君桓公与商人一起从周迁徙而来，并肩劳作，来开发整治这块土地，披荆斩棘，共同居住下来。”

其实，郑国最早本不在“新郑”（今河南新郑市）这个地方，新郑之前还有故郑。第一代国君郑桓公名友，是西周厉王的儿子，周宣王的异母弟弟。宣王在位时将他封在郑，就在西周镐京以东，今陕西华县一带。周幽王时，郑桓公作王室的司徒，很有些工作能力。他见幽王无道，预感到天下将乱，便采纳太史伯的建议，将家族、财产迁到东方虢、郐之间的地方安置，建立新的郑国——新郑。过了二年，果然天下大乱，犬戎杀了周幽王，郑桓公也一并遇害了。他的儿子掘突即位，便是郑武公。这时的郑国，已经是东周洛邑东边的新郑了。

因为人口的缺乏，西周以来的中原，虽称文化的中心地带，实际土地的开发却并不充分。直到春秋末年，郑、宋之间还有“隙地六邑”，可知西周末年虢、郐两国献给郑桓公那所谓“十邑”安家的地方，除十个聚落（邑）之外，周围可能也大多是荆榛覆盖的荒地。

要在荒原上建起城郭屋舍、种出五谷、聚集财富，让贵族们有税可收、有饭可吃，没有人是不行的。贵族们是带着人民一同迁来的，其中“商人”就是一支重要力量。

关于这所谓的“商人”，还要啰唆几句。他们是周朝治下镐京的商朝遗民，在当时好比是少数民族。商人属于东夷，他们的远祖可以追到帝舜。舜不单是有名的孝子，还是各种劳动的好手，他在历山种田，在雷泽捕鱼，在黄河边上烧制陶器，在寿丘制作各样生产和生活需要的家什。大概正因为制作的东西多且精良，他还在生产之余到负夏去做买卖。（《史记·五帝本纪》："舜耕历山，渔雷泽，陶河滨，作什器于寿丘，就时于负夏。""就时"，把握时机，看到什么东西有市场及时开展商业活动，而那时的市场该也是定时开放的集市，不是随时都有，所以说是"就时"。）上古传说中的五帝，本是时代和文明样式的缩影，从舜的事迹，便可看到商族人的血缘里早有经营买卖的基因。后来在周人的统治下，商的遗裔为了更好地生活，更要发展这项祖传的事业，于是"商人"便以善于贸易为周围的民族所知了。久而久之，"商人"的民族内涵淡去，成了对职业的描述，凡买卖人不论是不是商族，统统被称为商人了，商品、商业这些词也都派生出来。

郑桓公特地带了这支善于货殖的族裔过来，他们财富多，可以来投资，同时善于转输，能从远方搞到各种珍贵物资，对新郑国的建立有特殊贡献。子产回顾起郑人与商人并肩创业的过程，所谓"庸次比耦以艾杀此地，斩之蓬蒿藜藋，而共处之"，"庸次"是更迭轮流，"比耦"原意是并肩耕田，两词合在一起形容密切合作，"艾"读 yì，同"刈"，"艾杀"就是芟夷杂草、清理土地，"斩之蓬蒿藜藋"也是这个意思，从这里不难看出郑国祖先创业的艰辛。

好比美国开发西部时的情形，为了吸引活跃的劳动力和财富投入崭新的事业，一定要有点政策上的激励，于是便有了郑国与商人间的重要约定："尔无我叛，我无强贾，毋或匄（gài）

夺。而有利市宝贿，我勿与知。”这个誓言不得了，它的核心是严格保障商人的财产，只要商人不叛国，国家不得低价收购（“强贾”）、勒索（“匄”同“丐”，乞求，乞讨）、没收（“夺”。匄和夺，一个是软取，一个是硬夺）商人的财产。

1789年法国《人权宣言》第十七条规定：“财产是神圣不可侵犯的权利，除非当合法认定的公共需要所显然必需时，且在公平而预先赔偿的条件下，任何人的财产不得受到剥夺。”时间、地点天差地别，但二者的基本精神和对经济发展的实际效用有相似之处。

只有在这样的郑重承诺下，商人才能在这片土地上放心地发挥才能，不用担心有朝一日变成任人宰割的肥羊。而且这个政策还得有连续性，“世有盟誓”，世世代代遵守这个约定，岂止“五十年不变”，到子产这个时代，已经不止二百年了。

子产就讲：“保护商人财产是我们郑国的基本国策，你韩子作为友好使者，怎么好意思让我们违背这个原则呢？我猜你不会这样。”进而又提醒韩宣子：“你为一块玉逼迫我国放弃国策，郑国和其他各国都会跟晋国离心离德，你要注意“国际”影响——冲这一点我猜你也不会这样。”最后重申立场：“若大国令，而共无艺，郑鄙邑也，亦弗为也。”——让郑国违背原则（“无艺”，没有法则、没有限度），一味趋奉贵国，这侵害了郑国的独立地位，郑国方面也断断不会答应。前面子产说服同僚的话以严谨和有条理为特点，而这段对韩宣子的话则借重历史传统，更显示出雄辩的特色，同时以“国际”道义相提醒，既驳之以情理，又晓之以利害，语气上将心比心，而话语则义正词严。像韩宣子这样身份的人，听了之后愧惧不遑，只能赶紧道歉：“是我考虑不周，我怎么敢为讨取玉环而引来两项罪过！请允许我退回那玉环吧。”

子产如果帮着韩宣子讨这块玉，等于是为政府对商人的各种巧取豪夺开了先例；如果放任韩宣子自己去“购买”，迫使商人失去这块玉，就等于默认了晋国对郑国人民的随意压榨。相反事实的积累可以使正式的法律条文失去效力，所以子产不开这个先例。子产的做法不但保护了一位商人的一块玉，也保护了郑国的商业和商人阶层。有了保护商人的传统，有了维护传统、不畏强权的政治家，才能有信赖政府的爱国商人。

小胳膊什么时候能拧过大腿？**小国商人拗不过大国执政，但是有了自己的国家作后盾，局面可能逆转；郑国强不过晋国，但是有了优秀的政治家、外交家，结局就多了悬念。**

第十二讲

『痛打落水狗』——子产的风格

春秋晚期的政治家，最突出的要算郑国的子产。在子产的众多事迹中，“不毁乡校”几乎算得是最著名的一件。当时，郑国人（主要是住在国都的贵族，以及退休的大夫）喜欢在“乡校”里议论朝政。有大夫觉得这样不好，就建议子产把乡校取缔。子产不同意，他说：“郑国人早晚间在乡校里议论领导人的好坏、政策的得失，我正好可以听听他们的意见。他们喜欢的我就做，他们反对的我就改，这等于是我的老师啊，为什么要拆掉？再说舆论就像河水，阻塞不如疏导，如果用强权杜绝怨言，将来是要决堤的。”孔子从这一件事就看清了子产的为人：“以是观之，人谓子产不仁，吾不信也。”（参见《左传·襄公三十一年》）子产的“仁政”由此给后代人留下了深刻的印象。但是，这只是子产为政风格的一个侧面。要知道，“宽猛相济”的为政原则也是子产提出的，他也因为“铸刑鼎”（这是中国最早的成文法）而被视为战国法家的先驱，就连孔子的话本身也暗示了子产的为政风格还有另一侧面：“人谓子产不仁”——当时反对子产的人着实不少，以至于比子产小一辈的孔子都听见了这些指摘的言论。事实上，**子产是个讲求实效的政治家，他既是非分明，又懂得妥协，而在必要的时候又敢于采取严厉手段，毫不手软。**唯其如此，才能够有效地抵制互相争权的大贵族，让当时十分弱小的郑国在内忧外患中生存下去。

秋，郑公孙黑将作乱，欲去游氏而代其位，伤疾作而不果。驷氏与诸大夫欲杀之。子产在鄙，闻之，惧弗及，乘遽而至。使吏数之，曰："伯有之乱，以大国之事，而未尔讨也。尔有乱心无厌，国不女堪。专伐伯有，而罪一也；昆弟争室，而罪二也；薰隧之盟，女矫君位，而罪三也。有死罪三，何以堪之？不速死，大刑将至。"再拜稽首，辞曰："死在朝夕，无助天为虐。"子产曰："人谁不死？凶人不终，命也。作凶事，为凶人。不助天，其助凶人乎！"请以印为褚师。子产曰："印也若才，君将任之；不才，将朝夕从女。女罪之不恤，而又何请焉？不速死，司寇将至。"七月壬寅，缢。尸诸周氏之衢，加木焉。（《左传·昭公二年》）

秋，郑公孙黑将作乱，欲去游氏而代其位，伤疾作而不果。

鲁昭公二年（公元前540年）的秋天，郑国的公孙黑准备发动叛乱，想除掉游氏取而代之。公孙黑，字子皙，是郑国“七穆”中驷氏的后代，公子騑的儿子，公孙夏的弟弟。（可以参看前文《“人才引进”之道》之《“七穆”世系简表》）这时期驷氏的族长是驷带，是公孙黑的侄儿。公孙黑倚仗驷氏家族的势力，企图用武力夺取同为七穆的游氏在朝中的职位，当然，这也意味着要用暴力来取游氏族人的性命。

这时，游氏的族长是子太叔，也就是游吉，他在郑国六卿中位列第五（当时六卿依次是子皮、子产、公孙段、印段、子太叔、驷带），是子产的得力助手。子太叔是个温和风雅的人，在公孙黑这种骄横残忍的人面前，游氏就很危险了。幸亏上天及时开眼，正好公孙黑旧伤发作，叛乱才没有爆发。

驷氏与诸大夫欲杀之。子产在鄙，闻之，惧弗及，乘遽而至。

驷氏族人听到公孙黑谋乱的事，便和大夫们打算杀死他。驷氏本来是公孙黑所倚靠的力量，为什么现在却和朝中的大夫们一条心，打算杀掉公孙黑了呢？

这都是因为公孙黑犯了众怒。他曾犯上作乱驱逐良氏的伯有，导致伯有被杀，也曾经仗势欺人与游氏的公孙楚争妻子，导致公孙楚被流放。就因为驷氏的强大，他的行为居然都没有受到追究。这样一个全然无视礼义的人，早就为大夫们所恨恶，现在他发动叛乱的企图又败露了，驷氏族人担心受他牵连而灭族，终于决定不再支持他了。

这时的公孙黑大势已去，阴谋败露，不容于自己的家族，又旧伤发作，随时可能死于伤病，再不是什么可畏的人物了。可是，子产却很重视这件事。当时，子产远离国都身在郊野，闻讯之后，特地坐上传车赶了回来。“遽”就是传车，古时驿站用来快速传信的轻车，中途不停歇，到驿站换了马继续赶路。子产风尘仆仆往回赶，一心怕来不及（“惧弗及”），既然公孙黑败局已定，他到底担心什么事来不及呢？其实，他是担心公孙黑病死，也担心公孙黑被私下杀掉。

使吏数之，曰：“伯有之乱，以大国之事，而未尔讨也。尔有乱心无厌，国不女堪。专伐伯有，而罪一也；昆弟争室，而罪二也；薰隧之盟，女矫君位，而罪三也。有死罪三，何以堪之？不速死，大刑将至。”

原来子产匆匆赶来，是要宣布公孙黑的罪状。

他派官吏到公孙黑家，历数公孙黑的罪状：“伯有之乱，正赶上有侍奉大国（晋国）的事务，因此没有讨伐你。你的祸乱之心不知满足，国家对你无法容忍了。擅自攻打伯有，这是你的第一条罪状；同兄弟争夺妻室，这是你的第二条罪状；薰隧之盟的时候，你强占由国君指定的卿位，这是你的第三条罪状。有这三条死罪，国家怎么能容忍你？你不赶紧死，就要对你执行死刑了！”

所谓“伯有之乱”，发生在三年前伯有主政的时候。鲁襄公二十九年，伯有曾打算派公孙黑出使楚国。公孙黑一听就急了：“楚、郑方恶，而使余往，是杀余也。”他说楚国、郑国关系正紧张着呢，现在让他去楚国，不是让他送死么？

看来，公孙黑完全是个自私自利的大贵族，丝毫不会考虑为国家的需要牺牲一下自己，一心只想到自己的安危，还一味要求享有更多的特权。恰好伯有又是个很强硬自大的人物，三番两次想迫使他去。二人由此构怨，虽经大夫们出面调解，仍然无效，终究酿成一场大叛乱。

第二年，公孙黑放火烧了伯有的家，伯有出逃后又潜回国都组织兵变。国都中动起刀兵，伯有被杀于羊肆，又有大夫死于混战和逃亡国外。（参见《左传 · 襄公二十九年》《左传 · 襄公三十年》）

因为伯有这个人也很蛮横，在朝中也并不受欢迎，所以叛乱的当时，驷氏家族是支持公孙黑的，而七穆中的罕氏、丰氏又都站在驷氏一边，当时执政的子皮本人就是罕氏，也对这事袖手旁观。因此，挑起事端的公孙黑事后没有受到任何追究。

子产说不追究他是因为当时正忙于外交（“以大国之事”，当时确有“澶渊之会”），这并不全是实情，子产的话对实际情况有所修饰，其实那是当时朝廷中各派力量的制衡造成的。

伯有之乱后，公孙黑毫不收敛，过了两年，又发生了与公孙楚争妻的事件。公孙楚字子南，是七穆中游氏的后代，公子偃的儿子，公孙虿的弟弟，也是当时游氏族长子大叔的叔父。他出身虽然好，但官位不高，只是个下大夫。公孙黑不把他放在眼里，见已经与他订婚的徐吾犯的妹妹十分美丽，便强下聘礼要娶这姑娘。徐吾犯畏惧公孙黑，只好向子产报告。子产说：“这都是因为国家秩序混乱，不是你们家的错，你们尽管选吧，愿意嫁给谁就嫁给谁。”

于是大家说妥，让姑娘自己决定。到了挑选的那天，公孙黑身着盛装，到人家院子里把丰厚的聘礼摆上，然后退出院子走了。姑娘从房中看见这人穿得溜光水滑，是挺好看，可她就是没动心。等公孙楚来了，却是一身戎装，也没带礼品，因为他与这女孩子已经订过婚了，聘礼也送过了。公孙楚在院门前下了车，进到院中，拿出弓箭，向左拉满弓，做出射箭的姿势，又同样地向右拉满弓。展示完毕，回转身，一跃跳上战车，离去了。姑娘看到他威武、敏捷，着实喜爱，就这样选定了子南。

谁知公孙黑因此恼羞成怒，竟悄悄夹带兵器去见子南，打算杀了他，夺得他的妻子。子南知道了，操着戈追赶他。公孙黑不是对手，负伤而归。可是公孙黑还不罢休，他反咬一口，对朝中大夫们说："我本好意去见他，不想他竟图谋害我！我不曾防备，被他伤了。"

大夫们商量处理这件事，子产明知公孙黑有错在先，却碍于驷氏的面子和实力，只得将子南痛责一顿，把子南流放到吴国去了。当时驷氏的势力太大，游氏的家长子大叔也明白，子产为了缓和各大家族的矛盾、稳定郑国的局势，不得不如此，子大叔也就做出让步，听由子产发落公孙楚。（参见《左传·昭公元年》）

公孙楚的事件结束后，郑伯与大夫们结了一次盟。这在当时是惯有的仪节，遇有国家发生重大变故，有大夫叛逃或被驱逐等情况，事件平定之后，国内往往举行盟誓，可以起到统一观点、稳定人心的作用。同时，郑国的六卿子皮、子产、公孙段、印段、子太叔、驷带，也互相结盟了。这六卿也分别是罕、国、丰、印、游、驷六族的家长，他们的结盟也是为了保证各家族的和平相处，避免因为公孙黑和公孙楚的争端对政治秩序造成进一步的破坏。因为这次结盟在薰隧举行，便称为"薰隧之盟"。哪知公孙黑又要求参与六卿的盟誓，强使史官记录此事为"七子"的共同盟誓。公孙黑并非国君任命的卿，根本没有资格参加六卿之间的盟誓，所以子产说他"矫君位"，窃取由国君指定的卿的位置。（参见《左传·昭公元年》）

公孙黑犯的这几件大罪，当时都没有受到惩罚，这次终于落得众叛亲离的下场，正应了他们郑国先君的那句名言："多行不义必自毙"。（见《左传·隐公元年》郑庄公语）老子讲"飘风不终朝，骤雨不终日"，再不可一世的势力，也总会被时间淘汰，再强大可怕的人物，总有盛极而衰的时刻。子产三番五次忍耐让步，终于等到了公孙黑不攻自破的一天。子产大老远赶回国都，就是为了公开惩罚他，不让他死在病床上或不明不白地被人杀了。

这件事情很紧急，可以说刻不容缓，为什么呢？对一个病得要死、已经无力回天的对手，难道不可以不慌不忙地放任他自生自灭吗？不可以。公孙黑屡次犯法，但都碍于郑国内部的混乱，碍于公室的弱小和贵族的强大，子产始终不能制裁他。如果现在任他病死在家中，就等于放他逃过了应用的惩罚。而如果其他贵族乘公孙黑病重而发难，私自处死了他，那就等于国家又遭遇了一场暴乱，即使公孙黑无力反抗，暴乱的伤亡很小，这种事的性质首先是非法的，是对国君和国法的僭越。而以当时郑国的情势看，国君权力很小，七穆贵族强大骄横，如果发生了这种暴乱，国家几乎一定无力阻止或惩治。最有可能的善后处理，只能是睁一只眼闭一只眼，顺水推舟，尴尬地给这场暴乱追加上"讨逆平叛"的评语，这无异于更清楚地暴露国法的无力和国家的混乱。所以，这两种情形，子产都不允许发生，他要赶在天也赶在人前头取公孙黑的性命，充分伸张国法。

再拜稽首，辞曰："死在朝夕，无助天为虐。"子产曰："人谁不死？凶人不终，命也。作凶事，为凶人。不助天，其助凶人乎！"

公孙黑"再拜稽首"，这是大礼参拜，磕头触地，表示态度极恭敬、极严肃，因为他有请求："我这一早一晚间就要死了，您就不要再帮着老天虐待我了。"公孙黑复发的旧伤，就是因为争妻被公孙楚打而受的伤，从他说的话看，果然伤得不轻。子产催促公孙黑自杀，公孙黑却以病危为理由来推托："你看我一个危重病人，也没有多长时间好活了，老天正在折磨我，你又何必再加重我的痛苦呢？"

子产要求处罚他，他却向子产要同情。从常理上讲，再坏的坏蛋临死的时候也是可怜的，比如李斯，不论他平日的为人如何，死前作东门黄犬之叹，也足以令人动容。（参见《史记·李斯列传》："斯出狱，与其中子俱执，顾谓其中子曰：'吾欲与若复牵黄犬俱出上蔡东门逐狡兔，岂可得乎？'"）

公孙黑这一番话说得可怜，一般人听了难免产生同情，甚至会以为，若再对他施加惩罚，仿佛就有违人道精神了。可是子产不这么想，他很强硬："人谁不死？""只要是人，谁没有死的一天？”人都会死的，你今天面临死亡不是什么独特的事情，不要以为，仅仅因为你快病死了，就可以对做过的一切都不必承担后果。

“不终”就是“不得善终”。“善终”古人叫“考死”,《尚书·洪范》里有“考终命”，古语说的“寿终正寝”“保首领以没”都是善终，前者指在正寝（古代天子、诸侯、卿大夫都有正寝、小寝之别）中规规矩矩、从从容容地死去，死法很庄严、很敬慎；后者指到死保住脑袋，没有因犯罪受刑砍头而死，身体发肤很完整地去见祖先，这都是好死。“不终”是不得善终，非正常死亡，古人叫“强死”，指人还在壮年、身体尚强健，还没到自然死亡的时候就死了，没有享尽天年。

“凶人不终，命也”，坏人不得好死，这是上天注定的。你是坏人，不得好死是对你不干好事的注定惩罚。子产说：“我如果不好好用上天给的这个机会来惩罚你，就等于是违背天意而帮助你这个坏人啦！”所以，依着子产的看法，他这不是“助天为虐”，而是“替天行道”。

请以印为褚师。子产曰：“印也若才，君将任之；不才，将朝夕从女。女罪之不恤，而又何请焉？不速死，司寇将至。”

公孙黑看着无法逃避惩罚，就请求子女得到点照顾，他想这应该还是可以的。他请求自己死后政府能让他儿子印担任“褚师”。杜预注：“褚师，市官”，管理市场的官，职责大约是监管一下货物的质量之类。对大贵族出身的人来说，这官当真不算太大。大概因为前面碰了钉子，所以公孙黑也没敢要求太大的官吧。

但是就这点要求子产也不满足他，话也讲得毫不留情：“死了之后的事你就别操心了，他要是好，不用你说国君也让他当官；他要是跟你一个德性，早晚会跟你一样的下场，要不了多久他就跟你去了，好好发愁你自己的罪吧，还提什么要求！”中国人厚道，喜欢宽恕，不愿意把事情做绝，总觉得哪怕是为了安慰垂死之人，也多少要满足一点他的请求。但是子产拒绝给予安慰，他认为公孙黑落到这个下场是罪有应得，这绝望本是对他的惩罚的一部分。

子产什么都不答应，杜绝一切讨价还价的企图：“不快点死掉，司寇就要来了。”“司寇”是掌刑狱之官，西周初就有，春秋时多数国家都有这个官，负责捕盗、处置罪犯等，楚、陈等国的司寇称为“司败”。孔子在鲁国就曾当过司寇，据说成效显著，小商小贩都不敢欺诈顾客，男女有别，走在路上不乱搭讪，百姓生活作风都好转了。（参见《史记 · 孔子世家》、《孔子家语 · 相鲁》）子产坚决催促公孙黑自杀，一分钟都不容耽搁：你再不快死，司寇就要来执行死刑了，你死得会更难看。

七月壬寅，缢。尸诸周氏之衢，加木焉。

七月壬寅，公孙黑被逼得走投无路，只好上吊自杀。子产又命令把他的尸体拿去示众，将其陈放在周氏之衢（郑国都城的一条通衢大道），把写有罪状的木头加在尸体上，让来往的人都看到国法的伸张和罪人的下场。“加木焉”，大约是把尸体绑在木头上，木头上面写明死者名字、罪行，这也是对死者的追加惩罚。

也许会有人觉得子产的手段过于严厉，可是像公孙黑这样的害群之马，他势大时无法惩治他，他势衰后又可怜同情他，使他能够寿终正寝，那简直是误以纵恶为仁慈了，只会使其他作恶者更加有恃无恐。

也许还会有人觉得子产的行为没有意义，毕竟对手已经势衰且病危，不打击也是要死的，当初他作恶时不曾予以惩治，现在惩治是否为时过晚呢？可是，在子产执政的当时，郑国中横行无忌的权贵尚多，将公孙黑光明正大地处死，死前使他绝望，死后令他耻辱，正可以给其他许多倚仗权势穷凶极恶者以震慑，警告他们收敛，小心尚未到来的制裁。从这个角度看，子产这“迟来的正义”未尝没有一点价值。

从这件事里，我们可以看出，子产是一位务实的政治家。时机未到时，他能够顾全大局、做出让步，不会过分坚持一时、一事的对错而搞到没法收场。但是，一旦时机成熟，他则能以迅雷不及掩耳的果断和迅速做该做的事情，绝没有观望、拖延或迷茫，绝不辜负上天给的伸张正义的机会。能做到这些，是因为平时的深思熟虑和内心具备公正清明。当然，从子产处理这件事时紧迫而精确的时间感当中，我们也不能不体会到，作为一位精干的政治家和严明的执法者，他发挥才干和追求公正都不是完全自由、毫无限制的。在这个相当弱小并且正在进一步走向没落的国家里，在内部不稳定、法纪坏弛的大环境下，即使是像子产这样既正直而又有才能的政治家中的佼佼者，他尽一生的努力，其贡献也仅止于对外抵制大国的蚕食，从夹缝中挤出郑国的生存空间；对内平衡贵族间的关系，消除内乱的隐患，弥缝法纪的漏洞，从而延缓郑国的衰落，正像减缓重病者的死亡过程。

公元前 522 年冬天（鲁昭公二十年），子产生病了，他找来子太叔，对他讲："我要是死了，接下来主政的一定是你。只有道德极高的人，能够以德服人，纯粹用宽惠的政治来治理国家，使百姓服从。其次的治国手段，还是以严厉为好。"他了解子太叔的为人，知道他难以严厉起来，就仔细讲道理给他听："你看，火是猛烈的，所以人们见了它就害怕，都躲着它，结果很少有人死于火；水看着很柔弱，人们便接近它，在水中嬉戏，结果许多人死在水里。所以说，实行宽和的政策难度更大呀。"

过了几个月，子产病故，他治理了二十年的郑国，留给子太叔继续管理。子太叔还是不忍心用严厉手段治国，所以处处宽大。没多久，郑国犯罪横行，以致盗贼在萑苻泽中聚成一大股势力。子太叔这时才又想起子产临终的教诲："我后悔不早听他老人家的话，否则不至于闹成今天这个样子。"结果不得不兴师动众，前去围剿，将那伙人皆杀了，郑国的治安才稍稍好转。（参见《左传·昭公二十年》）如此，子太叔为挽回治安而杀掉的人，一点也不比实行严厉政策时杀的人少，甚至更多。比起子太叔的优柔不忍，子产的严厉给予了更多的东西庇护。对一个政治家来说，他采取的行动不论是仁慈还是严厉，都应当是出自于理性的判断，此外任何出于欲望、偏好、激情或美好愿望之类的举措，都是不明智的；不管他主观动机多么无害甚至善良，最终结果都会贻害百姓。所以，政治家首先需要能够了解自己、战胜自己，就像子产，他从根底上讲虽然是个性情仁厚的人，但是却深知自身的局限（懂得以现有的才能和手段，在当时混乱贫弱的郑国，是没有条件实现所谓仁政的），并充分理解使用严厉手段对治理国家的必要。

子产逝世的时候，孔子已经三十岁了，是知名的年轻学者。据司马迁说孔子与子产曾相识，说孔子到郑国的时候他们相处得很好，如同兄弟。（参见《史记·郑世家》）这事很可疑，恐怕与史实有些不符。子产比孔子最少大三十岁，是孔子所景仰的前辈，谈不上相处如兄弟；而且据《史记·孔子世家》，孔子三十岁之前也没去过郑国，所以这两人应该没见过面。(《史记》关于子产的记述与《左传》多有不合，大约太史公写作时参考的是另外的资料，其中的错谬梁玉绳、钱大昕等多已指出）但是，子产的业绩、风格和思想，孔子是熟悉的。他“宽猛相济”的遗教、“不毁乡校”的事迹以及“天道远，人道迩”的名言，孔子都是赞成的。听说了子产的死讯，孔子流下眼泪来：“他身上有古人仁爱的遗风啊。”